Seht mal, was ich kann!

Das heuristische Lernen
von Kleinkindern

Impressum

Seht mal, was ich kann!
Das heuristische Lernen von Kleinkindern

Autoren
Antje Bostelmann, Michael Fink

Titelfoto
Aljoscha Boesser

Fotos
Barbara Dietl – www.dietlb.de
Ferdinand Bostelmann

Gestaltung
Linda Schirona, Annika Zipperling

Lektorat
Ferdinand Bostelmann, Janine Parpart

Druckerei
LASERLINE Digitales Druckzentrum Bucec & Co. Berlin KG
Gedruckt auf chlorfrei gebleichtem Papier

Verlag
Bananenblau – Der Praxisverlag für Pädagogen
E-Mail: info@bananenblau.de
www.bananenblau.de

© Bananenblau 2012
ISBN 978-3-942334-21-1
2., unveränderte Auflage 2015

Die Fotos wurden in den Klax-Krippen Regentropfenhaus, Sonnenhaus, Wolkenzwerge und Tausendfüßler in Berlin aufgenommen. Die Inhalte des Buches entsprechen den Grundsätzen und Anforderungen der Klax-Pädagogik.

Inhalt

6   **Vorwort: Ich hab's entdeckt!**

8   **Wer spielt, der lernt**

10   Das beste Spielzeug:
Zeit für gemeinsames Spiel

13   Die Entwicklung des kindlichen
Spiels in den ersten drei
Lebensjahren

14   Alles beginnt mit dem
„Begreifen" – Das Funktionsspiel

15   So tun als ob –
Das symbolische Spiel

16   Ich will auch mal das Kind sein –
Das Rollenspiel

18   **Wenn Ding und Bedeutung
zusammentreffen, entsteht Lernen**

20   Eine Reise in eine neue Welt

22   Das beste Spielzeug für kleine
Kinder – Dinge des Alltags

26   Selber Tun macht schlau

28   **Ordnung schaffen im verwirrenden
Tun der Kleinen: Die Spielschemen
des Kleinkindes**

30   Das Verdecken

32   Die Oberfläche

33   Die Fall-Linie

34   Die Klänge

35   Das Transportieren

36   Das Zusammenstellen

37   Das Verbinden

38   Das Trennen

39   Das Ordnen

40   Der Perspektivwechsel

41   Das Hinaufgelangen

42	Das Umzäunen	72	Der Schatzkorb
43	Der Kreis	76	Die Materialwanne
44	**Entdecken, was der Alltag bietet: Tagesstationen für Mitmacher**	78	Das Tablett
46	Handtasche ausräumen	82	Die Aktionsbox
48	Tätigkeiten der Erwachsenen nachmachen	84	Glitzerflaschen
50	Arbeiten und Spielen im Garten	86	Das Hundenapfmatschen
52	Tiere pflegen und umsorgen	**88**	**Entdecken, was hier möglich ist: Räume für Erfahrungen**
54	Sich alleine anziehen	90	Der heuristische Raum
58	Füreinander den Tisch decken	94	Das Ausräumen
60	Aktive Mahlzeiten	96	Klanguntersuchungen überall im Raum
62	Das Putzen	98	Flächen zum Wälzen
66	Schrauben, hämmern, reparieren	100	Ecken zum Stecken
70	**Entdecken, was die Dinge tun: Begegnungen mit Materialien**	102	Durchgreif-Ecken

104 Möbel zum Verschieben

106 Wände zum Kritzeln

108 Toilettenpapier untersuchen

110 Aktive Zeit in Garten, Park
und Wald

112 Das Klettern

114 Fenster, Türen und Nischen
im Raum

116 Zum Schluss:
Ein Wort zur Sicherheit

120 Literatur- und Filmhinweise

121 Autoren

Vorwort: Ich hab's entdeckt!

Heureka! Ich hab's gefunden! Laut rufend läuft ein Mann nackt durch die Stadt Syrakus. Ist da einer verrückt geworden? Nein, bestimmt nicht verrückt. Lediglich beglückt von einer grandiosen Erkenntnis: Dieser Mann namens Archimedes soll sich – das ist übrigens über 2000 Jahre her – kurz zuvor in seine randvoll gefüllte Badewanne gesetzt haben, die daraufhin natürlich überlief. Es ist genauso viel Wasser herausgelaufen, wie mein Körper groß ist, stellt der Gelehrte fest und versteht damit das Prinzip des Auftriebs. Noch heute erklären wir anhand dieses „archimedischen Prinzips", warum Schiffe schwimmen und Heißluftballons fliegen können.

Voller Begeisterung und oft ebenso unbekleidet treffen wir auch die jungen Entdecker an, um die es in diesem Buch geht. Kleinkinder hierzulande würden zwar kaum „Heureka" rufen, aber auch sie sind grenzenlos beglückt, wenn ihnen plötzlich eine naturwissenschaftliche Erkenntnis gelingt, die für uns Große genauso selbstverständlich ist wie das archimedische Prinzip. Mit dem antiken Forscher teilen die Kleinen aber noch mehr: Auch sie finden Lösungen nicht im Experiment unter Laborbedingungen, nicht im

vorstrukturierten Lernangebot, sondern mitten im Alltag, im ungezielten, aber durchaus vertieften Spiel, in der Auseinandersetzung mit Dingen, mitten im Raum oder abseits in einer Ecke. Und ganz bestimmt auch immer noch ab und zu in der Badewanne.

Vom (angeblichen) Ausruf des Archimedes leitet sich ein Begriff ab, der in diesem Buch häufige Verwendung findet: das „heuristische Lernen". Er bedeutet „entdeckendes Lernen", also die Fähigkeit, mit begrenztem Wissen und wenig Zeit zu guten Lösungen zu kommen. Elinor Goldschmied († 2009), eine englische Pädagogin, die sich vor allem im Bereich der Krippenarbeit engagierte, prägte den Begriff des heuristischen Lernens. Sie entwickelte die Idee, dass Kinder in den ersten drei Lebensjahren nicht so sehr Spielmaterialien, dafür aber jede Menge Alltagsmaterialien benötigen, um die Welt zu entdecken.

In Filmen, Büchern und Vorträgen setzte sich Elinor Goldschmied dafür ein, dass Eltern und Erzieherinnen den Kindern Zugang zu Dingen aus Natur und Haushalt gewähren. Zu ihren Zeiten – und das ist heute nicht anders – standen die

Erwachsenen diesem Ansatz eher skeptisch gegenüber. Doch das wohlgemeinte Bemühen, die Kinder vor Schaden zu schützen, bewirkt auch, dass sie die Welt nur eingeschränkt entdecken können. Aber was ist an einem Löffel, einem Schneebesen oder einem Teesieb eigentlich gefährlich?

Elinor Goldschmied war davon überzeugt: Erwachsene müssen verstehen, dass sich kleine Kinder nur ein Bild von der Welt machen können, indem sie all diese Dinge genau untersuchen. Schließlich sehen sie, wie wir diese Dinge täglich benutzen, wie wir damit seltsame, ja gar magische Dinge tun. Eben diese geheimnisvollen Dinge zu untersuchen und ihren Zweck zu entdecken, ist das natürliche Lernbestreben von Kleinkindern.

Wir wollen mit diesem Buch Elinor Goldschmieds Ansatz unterstützen – auch wenn wir heute Alltagsgegenstände aus Kunststoff nicht so rigoros ablehnen, wie Elinor Goldschmied dies getan hat. Wir wollen zeigen, wie sehr die geistige und körperliche Ent-

wicklung der Jüngsten davon profitiert, dass wir sie sooft wie möglich an unserer Welt, an unseren Beschäftigungen und unseren Dingen teilhaben lassen, anstatt ihnen eine eigene „Spiel-Welt" zu kreieren. Kinder haben ein Recht auf echte Partizipation. Das bedeutet eben auch zuzulassen, dass sie unser Leben mitgestalten.

Die Beispiele in diesem Buch sollen zeigen, dass es zu Hause wie auch in der Krippe möglich und ungefährlich ist, Kleinkindern Alltagsmaterialien in die Hände zu geben. Das Buch soll Mut machen, Räume und Tagesabläufe in Krippen so zu gestalten, dass die ganz natürliche Freude der Kinder am Entdecken all der Dinge um sie herum in unserer gemeinsamen Welt zum Ausgangspunkt für viele spannende Entdeckungen werden kann.

Antje Bostelmann und Michael Fink
Januar 2012

Um den Lesefluss nicht zu behindern, haben wir im Fließtext ausschließlich die weibliche Form gewählt. Es dürfen sich aber immer beide Geschlechter angesprochen fühlen.

Wer spielt, der lernt

Spiel: Die Herkunft des Substantivs mhd., ahd. spil, niederl. spel und des zugehörigen Verbs >spielen< (s.u.) ist unbekannt. Das Substantiv bewahrte seine vermutliche Grundbedeutung »Tanz, tänzerische Bewegung« bis in mhd. Zeit, doch bedeutet es von Anfang an meist »Kurzweil, unterhaltende Beschäftigung, fröhliche Übung«.[1]

In diesem Kapitel steht das Spiel der Kinder im Vordergrund. Wir beschreiben, wie und in welchen unterschiedlichen Formen Kinder im Spiel die Beschaffenheit der Welt erkunden und stellen dieses in einer Reihe von elementaren Spielhandlungen dar. Wir erklären die Entwicklung des kindlichen Spiels und geben Ratschläge, wie Erwachsene das Spiel der Kinder fördern und unterstützen können.

Alle Kinder lernen im Spiel. Jedenfalls bezeichnen wir Erwachsenen die Tätigkeit, mit der Kinder die Welt erkunden und erobern, mit dem Begriff „Spiel". Eigentlich ist das, was die Kinder tun, mehr als nur spielen. Sie gehen einer ernsthaften Tätigkeit nach, die nur einem Ziel dient: zu lernen. Das Spiel ist die wichtigste Lernform der Kinder. Es dient der aktiven Erforschung von Unbekanntem und der intensiven Erprobung von Gelerntem.

So wird gelernt:

- Im Umgang mit den Gegenständen machen Kinder wichtige Erfahrungen über deren Verwendung und Nutzen.

- Die Kinder gelangen zu grundlegenden Einsichten über naturwissenschaftliche Grundgesetze.

- Indem sie ordnen und kategorisieren, schaffen Kinder eine wichtige Basis für das logische Denken.

- Durch das Erproben und Wiederholen von mehrschrittigen Spielhandlungen gewinnen Kinder anwendbares Wissen über Kausalitäten.

- Im Spiel werden Erlebnisse verarbeitet und soziale Kompetenzen erlernt.

- Motorische Fähigkeiten werden entwickelt und trainiert, gleichzeitig werden die Sinne geschärft.

---

[1] Spiel, in: Duden, Das Herkunftswörterbuch, Band 7, Mannheim 2007, Seite 788.

Das beste Spielzeug: Zeit für gemeinsames Spiel

Das Spiel des Kindes ist nicht bloßer Zeitvertreib oder dient allein dem Lustgewinn, nein, es ist eine überaus wertvolle Tätigkeit, die der Erkenntnis, dem Lernen dient. Gut, dass Pädagoginnen und Eltern immer mehr von dieser Einsicht überzeugt sind! Obwohl, ganz so generell und bedingungslos stimmt dieser Satz dann doch nicht. Spiel kann in einer ungeheuer wertvollen Lernsituation münden, es kann aber ebenso – auch schon bei ganz kleinen Kindern – zur eintönigen Langeweilebetätigung werden.

Spiel ist nicht Spiel! Jedes Spiel trainiert andere Fähigkeiten, und unterschiedliche Spiele können Kinder in ganz verschiedener Intensität herausfordern, sie vor neue Aufgaben stellen oder eben eher mit längst Vertrautem langweilen. Denken wir doch nur an zwei beliebige Erwachsenenspiele wie Schach und Mensch-ärgere-Dich-nicht: Bei beiden Spielen kann man trainieren, ohne allzu viel Überdruss verlieren zu können. Aber während bei Mensch-ärgere-Dich-nicht das Lernpotential in Bezug auf taktisch kluges Handeln schon nach wenigen Minuten ausgeschöpft ist, kann man dieses bei Schach nahezu endlos steigern. Woran liegt das? Klar: Der Handlungsspielraum ist auf dem Schachbrett mit seinen unterschiedlichen Figuren und deren Bewegungsmöglichkeiten viel größer als beim Mensch-ärgere-Dich-nicht mit seinem vorgegebenen Weg und den untereinander gleichen Figuren. Der Rahmen bedingt, wie viel wir erleben und lernen können und wie weit wir herausgefordert werden.

Dieser Grundsatz trifft ganz genauso auf die Spiele für Krippenkinder zu. Hier sind wir es, die das Spiel konzipieren, indem wir den Kindern ihre Materialien und die „Spielregeln" zur Verfügung stellen, bevor wir ihnen das Spielfeld überlassen. Ob das Spiel gut, förderlich, bewegend, aufregend, herausfordernd ist, dafür sind wir Großen verantwortlich.

Schon bei der Auswahl des Spielzeugs ist es entscheidend sich die Frage zu stellen, was denn nun das Spielzeug eigentlich bewirken soll. Nicht nur die Eltern, auch Pädagogen tappen bisweilen vor lauter Niedlichkeit der Spielzeugangebote in die Falle, ohne allzu großes Nachdenken Spielzeug einzukaufen. Klar: Bunte Dinge, am besten mit Gesicht, mögen uns im Spielzeugladen oder -katalog unmittelbar ansprechen, und die Kinder auf den ersten Blick vielleicht auch. Niedlichkeit und Design sagen leider wenig darüber aus, welche Erfahrungen das Spielzeug ermöglicht, welche gerade aufscheinenden Bedürfnisse der Kinder damit am besten befriedigt werden können. Es ist kein Zufall, dass oft gerade die Spielzeuge, die Kinder zu Weihnachten heiß ersehnen, letztendlich gar nicht so innig bespielt werden wie scheinbar profane Alltagsgegenstände.

Daher sollte man beim Erwerben von Spielzeug die einfache aber oft vergessene Regel beherzigen: Einkaufszettel schreiben. Was brauche ich? Wofür brauche ich es? Was nützt es den Kindern? Wer beobachtet, dass sich die Kinder gerade für Möglichkeiten der Geräuscherzeugung interessieren, wird – sofern er sich die vorherigen Fragen gestellt hat – nicht auf den ersten niedlichen Teddy hereinfallen, sondern gezielt nach Dingen forschen, die gut klingen.

Auch die zweite wichtige Bedingung für gutes Spiel wird oft unterschätzt: Braucht das Spielzeug eine Einführung unter den

Wir Erwachsenen sind am Anfang mit dabei, ohne allerdings die Gruppe dominieren zu wollen. Viele Pädagoginnen setzen inzwischen auf die Wirkung von Inspirationsbildern, also Fotos, auf denen besonders anregende Verwendungsmöglichkeiten von Spielmaterialien abgebildet sind. Durch unser Tun können wir ein ungleich besseres, lebendes Animationsbild sein, indem wir vormachen, was man mit den Dingen alles machen kann. Aber raubt das nicht den Kindern die eigenen Ideen? Wohl kaum, wenn wir darauf verzichten, unsere Idee als die maßgebliche darzustellen. Lernen funktioniert in aller Regel so, dass Kinder die Ideen anderer anschauen und nachmachen, um daraus dann eigene Ideen zu entwickeln. Unsere Aufgabe ist es, die Grundlage für gutes Spiel zu schaffen, indem wir gute Ideen aussäen, auf deren Basis die Phantasie der Kinder gedeihen kann.

Es sind nicht nur die Ideen, mit denen wir das Spiel der Kinder beim Mitspielen bereichern können. Indem wir mitspielen, können wir auch den ganzen Ablauf rund um das Spiel einüben: Wie holen wir uns die Materialien heran, um sie beim Spielen zur Verfügung zu haben? Wie laden wir andere zum Mitspielen ein oder setzen durch, wenn wir alleine spielen möchten? Wie beenden wir ein Spiel so, dass wir die dabei benötigten Dinge wieder an den Ort zurückbringen, wo wir sie hergeholt haben? Kinder spielen friedlich miteinander und räumen hinterher selbstverständlich auf, wenn wir dies von Anfang an mit ihnen gemeinsam tun.

Kindern? Gewiss, es gibt Dinge, die sind so faszinierend für Kinder, dass sie automatisch von selbst herausfinden, was es alles damit zu entdecken gibt. Man kann diese an sich ideale Form des Entdeckens neuer Dinge aber nicht automatisch bei jedem Gegenstand voraussetzen: Kleine Kinder haben manchmal Hemmungen, Dinge auf ihre Verwendungsmöglichkeiten hin zu untersuchen. Kinder, denen von Anfang an viel verboten ist, werden das Wasserplanschset möglicherweise nicht nach seinem wortwörtlichen Bestimmungszweck einsetzen, weil sie das „Nein" schon im Ohr haben. Oder aber sie sind schon frühzeitig fest auf den Umgang mit bestimmten Gegenständen geprägt, dass sie gar nicht nach alternativen Verwendungsmöglichkeiten suchen.

Aber wie führen wir neue Spielzeuge ein – trockene, belehrende Vorführungen sind ja wohl nicht sinnvoll? Die Antwort hängt eng mit der dritten Grundbedingung für wertvolles Spiel zusammen: Kleinen wie großen Kindern tut es gut, wenn sie beim Spiel durch uns Begleitung haben. Begleitung meint:

Die Entwicklung des kindlichen Spiels in den ersten drei Lebensjahren

Jedes Lebensalter eines Kindes ist geprägt durch charakteristische Spielformen. Verständlich, denn mit dem Spiel will das Kind die Welt entdecken und verstehen, und mit zunehmendem Verständnis ändern sich die Wege, sich die Welt anzueignen. Während das Kind am Anfang die Dinge um sich ganz unmittelbar mit Hand, Mund und Körper „bespielt", findet es später immer abstraktere Wege, um Dinge und Geschehnisse zu untersuchen: Beim Symbolspiel beginnt es, Dinge durch andere Gegenstände nachzumachen, beim Rollenspiel spielt das Kind schon andere Rollen nach, beim Regelspiel oder gar beim Gesellschaftsspiel ist kaum noch erkennbar, dass echtes Leben nachgemacht wird, weil die Auseinandersetzung auf einem abstrak-ten Spielfeld stattfindet. Das Spiel des Kindes kann man

in aufeinander aufbauende Phasen einteilen. Dies hilft auch zu verstehen, wie weit das Kind entwickelt ist. Dabei ist jedoch das „schon" entscheidender als das „noch": Es sagt etwas über einen Entwicklungsfortschritt aus, wenn ein Kind schon früh Rollenspiele spielt. Es ist jedoch kein Anzeichen für einen Entwicklungsrückstand, wenn es das länger als üblich tut. Es ist das Geheimnis des Spiels, dass wir noch lange Spiele mögen, deren wichtige Phase längst vorbei zu sein scheint. Auch Erwachsene können beim symbolischen Spiel oder beim Rollenspiel noch Freude empfinden. Gut so, denn deswegen können wir als Pädagogen mit den Kindern in ihre Spielwelt eintauchen, ohne ihnen dabei etwas vorspielen zu müssen! Im Folgenden stellen wir die drei prägenden Spielformen im Krippenalter vor.

Alles beginnt mit dem „Begreifen" –
Das Funktionsspiel

Kinder ab dem ersten Lebensjahr nehmen beim Spiel die Sache buchstäblich in die Hand: Mit festem Griff, aber natürlich auch mit Lippen und Zunge, nach Möglichkeit mit dem ganzen Körper untersuchen sie alle Dinge um sich herum, derer sie habhaft werden. Zunächst scheint diese Untersuchung kein System zu haben: Kleine Kinder probieren in der Regel erst einmal alles aus, was man mit einem Gegenstand anstellen kann – frei nach dem unausgesprochenen Motto: Irgendetwas wird schon damit möglich sein! Und irgendwann finden sie es auf diese Weise heraus: Der Rassel kann man durch Schütteln ein Geräusch entlocken. Leckt man die Metallstange an, ergibt sich eine interessante Geschmacksempfindung. Haut man

mit dem Baustein auf die Heizung, scheppert es, drückt man auf den richtigen Knopf, lärmt plötzlich der CD-Player, und wenn man bestimmte Gegenstände vom Tisch fegt, zerspringen diese – und die Erwachsenen zeigen eine deutliche und hochinteressante Reaktion. Das Kind merkt bei all diesen Ergebnissen seines Tuns, dass es eine Reaktion hervorrufen kann. Freudig wird es immer wieder feststellen, dass es mit der Untersuchung von Ursache und Wirkung die Funktion des Gegenstandes herausgefunden hat – deswegen die Bezeichnung „Funktionsspiel". Viele der Spielschemen, die wir in diesem Buch vorstellen, zum Beispiel eben das absichtliche Fallenlassen von Dingen, das Auseinandernehmen sowie das Tranportieren lassen sich als Spielarten des Funktionsspiels verstehen.

Funktionsspiele spielt das Kind meistens mit sich selbst und einem Ding, aus dem die Funktion herausgelockt werden kann. In Bezug auf andere Kinder spielt es eher an ihnen als mit ihnen: Auch im unwilligen Geschrei desjenigen, dem man etwas wegnimmt, im Lächeln als Reaktion auf ein Streicheln oder im Heben der Hand des Gegenübers beim „winke-winke" erlebt das kleine Kind eine von ihm hervorgerufene Funktion, an der es befriedigt feststellt, was es schon kann.

So tun als ob –
Das symbolische Spiel

Große Augen schauen uns Erwachsenen zu. Welchen Gegenstand wir auch in die Hand nehmen, welche Alltagshandlung wir auch ausüben, das Kleinkind beobachtet uns. Es untersucht die Dinge, die es umgeben und versucht ihnen eine Bedeutung zuzuschreiben: Mit Teller und Löffel wird gegessen. Mit dem Auto kann man Dinge transportieren und eine Mütze ist zum auf den Kopf setzen da. Die fortschreitende motorische Entwicklung am Ende des ersten und zu Beginn des zweiten Lebensjahres befähigt das Kind, gesehene Handlungsabläufe nachzuspielen. So wird die Puppe mit einem Baustein gefüttert, der je nach Bestimmung zum Löffel oder zum Brot wird. Der Buddelsand wird zum Kuchen und der Eimer zum Kochtopf. Das symbolische Spiel ist eine auf sich selbst ausgerichtete Spielform. Das Kind drückt im Spiel seine individuellen Vorstellungen von der Welt aus und erprobt, was es bereits über die Welt gelernt hat. Emotionale Erfahrungen werden genauso symbolisiert wie Handlungsfolgen. Die Kinder spielen hauptsächlich mit sich allein oder nebeneinander. Absprachen untereinander existieren kaum. Das Spielmaterial wird nicht geteilt, jeder benötigt sein eigenes Spielzeug und -umfeld. Erst wer sich seiner selbst ganz sicher ist, kann sich und seine Dinge mit anderen teilen. Dies geschieht am Ende des zweiten Lebensjahres, wenn frühe Elemente des Rollenspiels beobachtbar sind.

Ich will auch mal das Kind sein –
Das Rollenspiel

Mit dem Eintritt in das dritte Lebensjahr beginnt das Kind mit anderen Kindern zu interagieren. Die Spielhandlungen weiten sich aus: Hat Marie eben noch nur ihre Puppe gefüttert, beginnt sie sich nun für Max zu interessieren, welcher für sich allein den Abwasch an der Puppenküche erledigt. Sie geht zu ihm und beginnt mit dem abgewaschenen Geschirr den Tisch zu decken. Max ist nicht einverstanden, schließlich sind dies seine Teller.

Wenige Wochen später sind die beiden in der Lage, sich zu ihrem Spielplan abzusprechen. „Ich koche und du sitzt am Tisch und isst!" Solche kleinen Arrangements untereinander zu vereinbaren, ist für beide Kinder neu. Ihre sozialen Fähigkeiten entwickeln sich in dieser Lebensphase rasant. Es ist noch gar nicht so lange her, dass sie erkannt haben, dass es einen Unterschied zwischen „Ich" und „Du" gibt. Nun beginnen sie gemeinsam zu spielen. Die ersten Formen des „Mutter-Vater-Kind-Spiels" lassen sich bereits im Krippenalter beobachten.

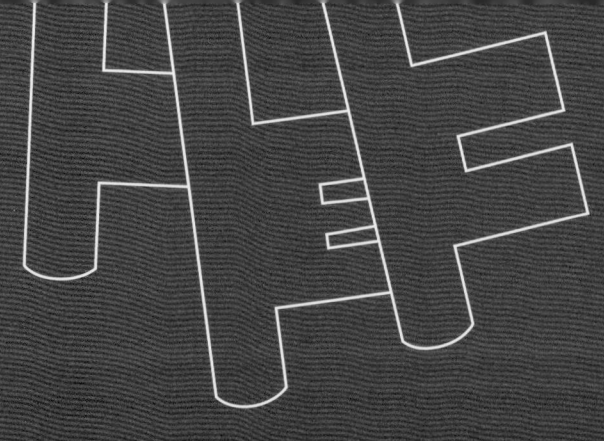

Wenn Ding und Bedeutung zusammentreffen, entsteht Lernen

Kira ist gerade drei Jahre alt geworden. Sie hat vor einer Woche einen abgebrochenen Fahrradschlüssel gefunden und dieses interessante, glänzende Metallstück gleich zu den anderen Dingen in ihrer Hosentasche getan. Nun probiert sie aus, wozu dieses Ding gut sein kann. Zuerst kratzt sie in den Fugen zwischen den Pflastersteinen auf dem Hof herum. Auf den Steinplatten hinterlässt das Metallstück Kratzspuren und im Sand kann man damit Rillen zeichnen. Das Ding kann noch mehr: Wenn man es herunterfallen lässt, klingelt es ein bisschen und es schmeckt angenehm kühl.

Kira weiß, dass große Menschen wie Papa und Mama solche Dinge besitzen und zu einem bestimmten Zweck benutzen. Papa etwa fummelt damit immer am Fahrrad herum, bevor er damit losfahren kann: Das will Kira auch gleich mal ausprobieren, bei den Rädern im Hof. Auch ihr Metalldings lässt sich in den kleinen Schlitz des Fahrradschlosses stecken, richtig drehen lässt es sich aber nicht. Ob es vielleicht besser ins Gartenzaunschloss, das Schloss der Hoftür, der Haus- oder der Wohnungstür passt?

Kira ist schwer beschäftigt und hat keine Zeit für andere Dinge, etwa das Spielen im Sandkasten, zu dem sie eigentlich im Hof unterwegs ist. Sie „arbeitet" konzentriert, geht bei ihrer Suche nach dem Sinn und Nutzen dieses Schlüssels systematisch vor und verbindet ihr aus der Beobachtung der Erwachsenen gewonnenes Wissen mit den eigenen Erprobungen.

Ein Fundstück, das wir Erwachsenen wohl liegen lassen oder in den Abfall werfen würden, dient Kira als Material zum Spielen und Untersuchen. Die Materialeigenschaften dieses Fundstücks sind eigentlich nichts besonders: etwas Plastik und Metall, sonst nichts. Anlass zu einer langen Phase des Spielens und Entdeckens ist der kleine Schlüssel wohl eher aus anderen Gründen: Kira weiß, dass der Schlüssel ein Teil der Erwachsenenwelt ist, ein Ding mit Bedeutung – und diese gilt es herauszufinden! Das Schlüsselbund wirkt faszinierend, weil wir Erwachsenen es in unseren Alltagshandlungen mit Bedeutung aufgeladen haben: Das Kind hat gesehen, wie intensiv die Mutter vor der Wohnungstür die Handtasche nach dem Schlüssel durchsucht. Mit welchem tiefen Stoßseufzer sie den Schlüssel endlich hervorholt, ihn ins Schloss steckt, daran dreht – einmal, zweimal und schon öffnet sich die Tür.

Wir laden Dinge durch Handlungen mit Bedeutung auf. Erwachsenen ist oft nicht bewusst, wie genau sie vom eigenen Baby oder Kleinkind in ihrem Alltagshandeln beobachtet werden. Sie ahnen nur selten, wie interessant sie mit alltäglichen Handgriffen die dabei benutzten Gegenstände für das kleine Kind machen. Ob Schneebesen, Schlüsselbund oder Klobürste – auf Kleinkinder üben diese Dinge dann eine große Anziehungskraft aus, wenn Erwachsene damit im Alltag agieren. Sie faszinieren mehr als jedes Spielzeug.

Eine Reise in eine neue Welt

Stellen Sie sich einmal vor: Sie gelangen in eine neue Welt. Die Sprache der Menschen – ein urtümlicher Volksstamm oder vielleicht sogar Außerirdische – verstehen Sie kaum, sprechen können Sie kein Wort und selbst die Art, sich fortzubewegen, unterscheidet sich von der Ihren. In der neuen Welt treffen Sie Menschen an, die den ganzen Tag mit bedeutungsvoller Miene Handlungen vollziehen und dabei allerlei Gegenstände und Maschinen benutzen. Manche dieser Dinge üben offensichtliche, andere eher versteckte Reize auf Sie aus.

Klar, dass Sie herausfinden wollen, was die Leute da tun, wie die Dinge, die sie benutzen, sich anfühlen und was man damit machen kann! Es gibt nur ein Problem: Sie dürfen nicht ran. Nur zuschauen ist erlaubt, aber das lässt ihre untätigen Finger nur noch unruhiger werden. Weil Sie so zappelig sind, haben Ihnen die Bewohner der fremdartigen Welt Dinge zum Hantieren hingelegt. Manchmal sind die Dinge den wirklichen Gegenständen sogar etwas ähnlich, bloß bunter und weicher. Eindeutig ist aber, dass sie nicht echt sind, denn die Menschen dort benutzen sie niemals mit der selben Mischung aus Wichtigkeit und Selbstverständlichkeit, mit der sie die „echten" Dinge benutzen.

Was tun Sie? Sie quengeln. „Spiel doch!", sagen die Einheimischen in ihrer inzwischen etwas verständlicher werdenden Sprache. Und Sie brüllen unverstanden zurück: „Ich will nicht spielen, schon gar nicht mit dem öden Plastikkram! Ich will endlich herausfinden, wozu das gut ist, was ihr da habt – und das ist kein Spiel, sondern Ernst!"

Gut, dass wir nicht in einer solchen Welt landen. Und gut, dass sich Kleinkinder viel offener und selbstverständlicher darauf einstellen, was ihre Welt ihnen anbietet und was eben tabu ist. Auch wenn unsere Fantasiereise ein wenig übertrieben war, scheint doch eines klar: Wie alle anderen intelligenten Lebewesen zielt auch unser Nachwuchs darauf ab, im Spiel das Tun der Erwachsenen zu dechiffrieren, es nachzumachen und dadurch seine Bedeutung zu verstehen. Und trotzdem erscheint es für uns sinnvoll, die Dinge unserer Welt den Kleinkindern eher vorzuenthalten, sie hochzustellen, abzu-sichern, zu verstecken, um ersatzweise Dinge zur Verfügung zu stellen, die für die Kinder wie auch für uns nichts anderes sind als eben Babykram.

Das beste Spielzeug für kleine Kinder – Dinge des Alltags

Eltern kennen es: Der Versuch einem Kleinkind oder Baby ausschließlich pädagogisch wertvolles Spielzeug zur Verfügung zu stellen, ist schnell zum Scheitern verurteilt. Die Oma hat die Zipfelpuppe geschenkt, Spieluhr und Wagenkette schenken die Freunde und Babyrasseln und Kuscheltiere gibt es auch schon zu viele im neuen Kinderzimmer. Was tun? Es bleiben ja noch bunte Klötzchen, der Steckturm oder der Einsteckkasten, alles für die Zeit, wenn das Kind sitzen kann. Hoffentlich haben die Tanten und Schwiegereltern diese Dinge nicht auch schon eingekauft.

Vom Lieblingsschmusetier einmal abgesehen: Eigentlich brauchen Kleinkinder die meisten dieser Spielzeuge nicht. Denn bei Licht betrachtet, liefern Quietscheente und Co bei weitem nicht die notwendige Stimulanz für kindliche Sinneserfahrungen und leider sind sie auch keine große Hilfe bei der kindlichen Entdeckung der Welt.

Betrachtet man die typischen Dinge, die kleinen Kindern zur Verfügung gestellt werden, fällt auf, dass es sich in den meisten Fällen um eine Verknappung und Verarmung im Vergleich zu den Dingen, denen sie nachempfunden sind, handelt. Der Steckturm mit seinen vier oder fünf bunten, passenden Scheiben ist ein flauer Ersatz für all die Dinge, die man in der „echten" Welt auf ihre Zusammensteckbarkeit hin untersuchen kann. Der Schlüssel aus rotem Kunststoff sieht nicht aus wie der aus Metall. Er fühlt sich viel leichter an, schmeckt beim Lecken anders –

und vor allem passt er niemals in ein Schloss, sodass man wirklich einen interessanten Raum damit öffnen könnte. Auch das Plastik-Tasteninstrument mit einprogrammierten quietschenden Melodien befriedigt kaum die Neugier. An den elektrischen Geräten der Erwachsenen all die Tasten zu drücken, die die Großen fortwährend drücken, um interessante Effekte zu erreichen, begeistert dagegen umso mehr. Die Plüsch-Spieluhr ersetzt kaum Lieder, welche die Eltern vor dem Einschlafen singen. Und wer sagt eigentlich, dass Kleinkinder von Natur aus Spieluhrtöne lieber mögen als die Musik, die wir so gerne hören?

Wir sind es gewohnt, die Dinge als Spielzeug zu verschenken, die nun einmal angeboten werden und kulturell üblich sind. Wenig denken wir stattdessen darüber nach, was ein Kind mit einem bestimmten Spielzeug über die Beschaffenheit unserer Welt herausfinden könnte. Das führt zu fast schon komischen Blüten: Vor hundert oder hundertfünfzig Jahren war es ein Bedürfnis der Kinder, sich mit dem täglich erlebten Einkauf der Mutter im Kaufmannsladen auseinanderzusetzen – und weil es nicht möglich war, das Kind dort die vielen Schubkästen öffnen zu lassen, gehörte der verkleinerte Kaufmannsladen zum Standardspielzeug. Tante-Emma-Läden gibt es längst nicht mehr, aber der Kaufmannsladen mit einem Regal voller Büchsen und Waschmittelpäckchen hat überlebt. Die Kinder, deren Eltern im Supermarkt einkaufen, können darin nachspielen,

was sie nie gesehen haben, können Fragen beantworten, die sie nie gestellt haben.

All die niedlichen, sanft farbigen, aus edlem Material geformten Spielzeuge haben wenig damit zu tun, welche Dinge Kinder schätzen – dafür sagen sie sehr viel darüber aus, was für ein Bild unsere Gesellschaft von Kindheit hat. Ist ja auch nachvollziehbar: Gerade weil wir Großen kleine Kinder als süß und wunderschön empfinden, scheinen uns nur die niedlichsten Dinge und sanftesten Farben für sie passend zu sein.

Aber das Kind selbst empfindet sich – das erfährt schnell, wer ältere Kinder fragt – nicht als süß, und bevor es die von der Gesellschaft vermittelten Geschmacksvorstellungen übernimmt, hat es auch weder eine Präferenz für Pastelltöne noch für Großeltern-Spielzeuge. Wer es nicht glaubt, mache den folgenden Test: Dem Kind ein klassisches Spielzeug – zum Beispiel eine Rassel – hinlegen, daneben ein Alltagsding – vielleicht eine Kombizange oder den Kartoffelstampfer – und schauen, wo es zuerst hingreift.

Also weg mit allzu viel niedlichem Kram aus Kinderräumen! Lassen wir stattdessen die Kinder, sobald es möglich und vom Sicherheitsaspekt vertretbar ist, an „unsere" Sachen ran! All die Alltagsdinge stecken voller Geheimnisse, die es zu entschlüsseln gilt. Und sie erzählen den Kindern etwas über uns, über das, was wir schön finden und was wir gerne machen. Gegenstände sind eben nicht nur Teil unseres Handelns, sie helfen den Kindern auch dabei, uns zu verstehen.

Selber Tun macht schlau

Besser als ein Übermaß an Spielzeug ist, die Kinder bei ihren Welterkundungen durch Wohnung, Garten oder Park zu unterstützen. Gerade kleine Kinder interessiert es sehr, was Erwachsene tun. Sie sehen uns mit Küchenutensilien hantieren, den Schlüssel ins Schloss stecken und mit diesem seltsamen kleinen schwarzen Kasten namens Telefon sprechen. Ihre körperliche und geistige Reifung kann nicht durch Erklärungen wie: „Mama schließt jetzt die Tür auf", oder „Schaut, ich rühre jetzt den Kuchenteig an" stimuliert werden. Sie müssen die Dinge selbst in die Hand bekommen, sie auf Konsistenz, Gewicht, Temperatur, Geräusch und Geschmack untersuchen, um sich dann mit ihrer Funktion zu beschäftigen. Gerade kleine Kinder untersuchen die Welt mit allen Sinnen. Vielen Eltern und Erziehern erscheint dies bedenklich. Das Kind könnte im Garten Erde essen, am Schuhlöffel sind mit Sicherheit gefährliche Bakterien und wie schlimm könnte es werden, wenn das Kind sich mit einem Schlüssel im Mund verletzt. Ganz verständlich wollen Eltern und Pädagogen die Kinder vor Schaden schützen. Doch zu viel Schutz macht Kinder dumm.

Beobachtungen zeigen: Kleine Kinder, die selbständig in Haus oder Garten herumklettern, im Küchenschrank kramen, vielleicht heimlich einen Regenwurm kosten oder am Grashalm lutschen dürfen, sind nicht nur weitaus fröhlicher und zufriedener als ihre Altersgenossen, deren Aktionsrahmen auf Laufställchen oder Kinderzimmer beschränkt ist, sondern auch selbstbewusster und sicherer in dem, was sie dürfen und was nicht.

Wer sich bewegen darf und dabei echten Risiken begegnet, lernt auch sich selbst zu schützen. Wer niemals klettern durfte, hatte zwar vermutlich bisher weniger Beulen, ist dafür aber gefährdet, sogar noch als Schüler die Treppe herunterzupurzeln. Gar nicht so schlecht passt hier das alte Sprichwort „Früh übt sich". Schon ganz kleine Krabbler müssen lernen, mit Po und Beinen zuerst aus dem Bett auszusteigen. Haben sie einmal diese Fähigkeit eingeübt, kommen sie bald auch sicher vom Sofa oder vom Stuhl herunter. Das heißt aber nicht nach der Devise zu handeln: spielenlassen, wegsehen und hoffen, dass nichts passiert. Es bedeutet vielmehr, Kindern einen sicheren Rahmen zu schaffen, in dem man weiß, dass wenig passieren kann und gleichzeitig viel möglich ist. Wenn die wenigen wirklich gefährlichen Dinge außer Kinderreichweite liegen, ist es kein Problem, dass sie überall dort, wo sie hingelangen, auch hingehen. Wer früh selbst lernen darf, lernt viel.

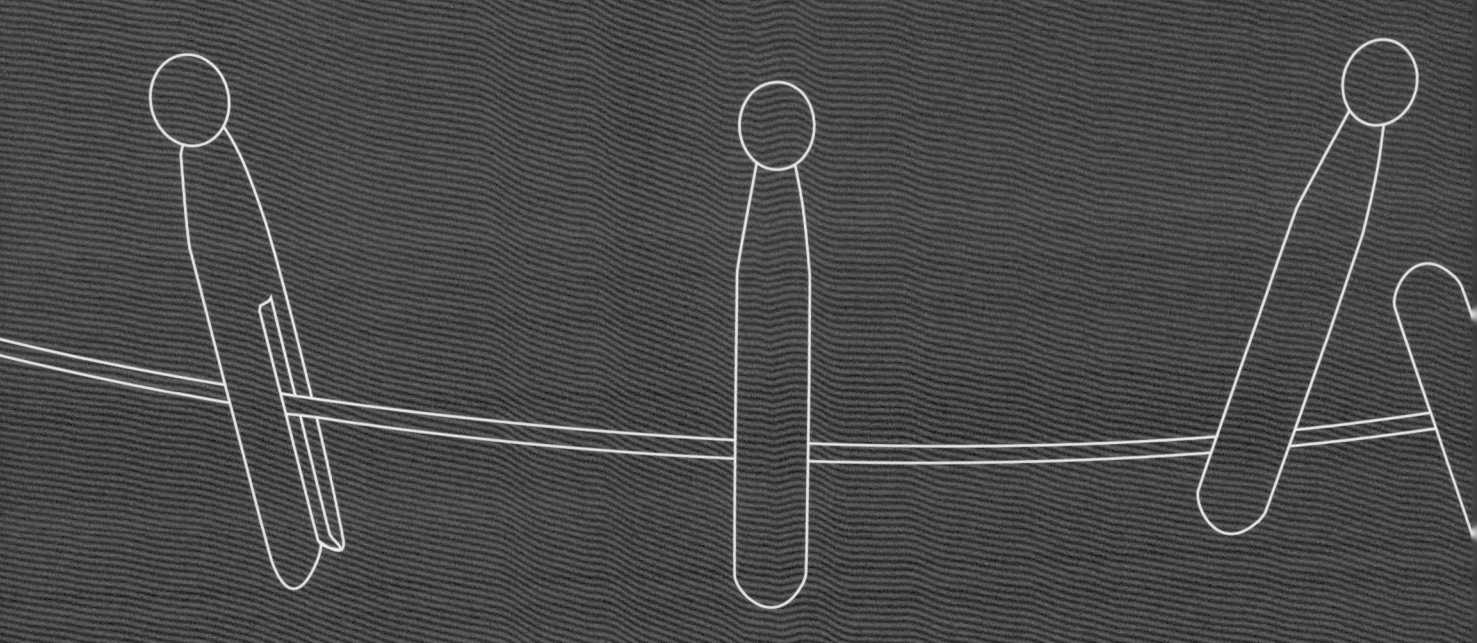

Ordnung schaffen im verwirrenden Tun der Kleinen: Die Spielschemen des Kleinkindes

Was machen Kleinkinder eigentlich den ganzen Tag über? Was treibt sie dazu, in Schränken oder Regalfächern zu kramen, als würden sie irgendetwas suchen? Tatsächlich suchen sie, aber nicht zielgerichtet: Sie suchen nach Dingen, die sie betrachten, belecken und ausprobieren können und zum Glück finden sich solche Dinge fast überall. Erwachsenen mag es seltsam vorkommen, wie zufällig diese ganze Suche stattfindet. Aber wer sich die Zeit nimmt, die Kinder zu beobachten, entdeckt eine große Ernsthaftigkeit, Systematik und Ausdauer.

Der Begriff der „kleinen Forscher" ist für einfache naturwissenschaftliche Experimente im Kindergarten vielleicht etwas überstrapaziert, aber auf das, was Krippenkinder tun, passt er ziemlich gut: Kleinkinder erforschen die Welt in Untersuchungsreihen auf einfache Gesetze. Sie erforschen Fragestellungen, von denen wir Großen längst nicht mehr wissen, dass sie uns anfangs nicht klar waren: Fallen alle Dinge nach unten oder gibt es Ausnahmen? Kann man Dinge verschwinden lassen, indem man wegsieht? Sind Dinge, die durch schnelle Drehung anders aussehen, auch andere Dinge als im Ruhezustand? Warum wird manchmal aus zwei Sachen eine Sache?

Elementare Experimente werden diese Untersuchungen genannt, die sich bei allen Kindern wiederfinden lassen. Manche sprechen auch von elementaren Spielhandlungen oder von Schema-Handlungen. Es lässt sich eine Vielfalt dieser Handlungen finden. Im freien, entdeckenden Spiel mit Alltagsmaterialien sind die folgenden elementaren Experimente besonders gut zu beobachten.

Das Verdecken
Das Verschwinden von Dingen und Personen untersuchen

Damit fängt es an: Eltern beugen sich über ihr Baby, verdecken das eigene Gesicht, um kurz danach wieder hervorzuschauen. „Kuckuck" und das Baby quietscht vor Vergnügen, aber auch den Eltern macht dieses Spiel großen Spaß. Es ist spannend, sich für einen Moment nicht zu sehen, um dann wieder beieinander zu sein!

Das tun Kinder, um das Verschwinden der Dinge zu untersuchen:

- Dinge unter Decken und Tüchern verstecken. Dinge in Schränken verstecken.

- Geschenke gerne verpacken, Dinge gerne in Umschläge stecken, gerne Schatzsuche spielen.

- Gerne Häuser mit Dächern bauen.

- Bilder nach Fertigstellung übermalen, rollen, zusammenfalten.

- Gerne Flächen mit einer Masse komplett einstreichen – zum Beispiel beim Kleckern und Schmieren.

- Sich unter Tüchern verstecken. Mit Tüchern die eigene Sicht einschränken.

- Sich selbst verstecken und von anderen suchen lassen.

Die Oberfläche
Das Äußere der Dinge untersuchen

Zuerst sind Mund, Zunge und die Lippen dran: Intuitiv untersuchen Kleinkinder Oberflächen mit dem wohl feinfühligsten Tastorgan. Gut, wenn sie das dürfen, statt sofort zu hören „Nimm das aus dem Mund!", „Nicht daran lecken!". Denn jede Oberfläche kann sich auf ihre eigene Weise spannend anfühlen.

Das tun Kinder, um das Phänomen der Oberfläche zu untersuchen:

- Die Oberfläche der Dinge mit unterschiedlichen Sinnesorganen berühren, also anlecken, ertasten, an die Haut halten, durch sie durchsehen wollen.

- Gegenstände schütteln, um Aufschluss über das Innere zu erhalten.

- Oberflächen durchbohren oder abzupfen wollen, um die dahinter liegenden Schichten zu entdecken – zum Beispiel bei Tapeten oder Buchdeckeln.

- Gerne tief im Sand graben, um das unter dem Sand liegende zu entdecken.

- Dinge kaschieren – etwa beim Anmalen des eigenen Körpers, beim flächigen Beschmieren von Tischen.

- Bilder mit vielen Farbschichten übereinander malen, sodass erste Bildmotive verborgen sind.

- Sich dafür interessieren, was unter der eigenen Köperoberfläche liegt.

Die Fall-Linie
Den Fall untersuchen

Alles fällt nach unten. Für Erwachsene ist die Wirkung der Schwerkraft längst eine Banalität, für kleine Kinder aber ist es ein faszinierendes Phänomen, das zudem mit vielerlei hochinteressanten „Nebenwirkungen"verbunden ist, die es mit dem ganzen Körper zu erfahren gilt!

Das tun Kinder, um das Phänomen der Schwerkraft zu untersuchen:

- Dinge von Tischen oder Klettergerüsten hinabwerfen.

- Dinge weit werfen wollen.

- Sich für Dinge interessieren, die nicht fallen, sondern fliegen.

- Sich für das Fließen des Wassers interessieren. Beobachten, dass Dinge schwimmen, andere jedoch sinken.

- Gerade horizontale oder vertikale Linien zeichnen. Mit Schwung Punkte auf das Papier tupfen.

- Gerne mit Hämmern arbeiten.

- Auf Erhöhungen klettern, um von dort hinabzuspringen. Gerne rutschen.

Die Klänge
Den Klang der Dinge untersuchen

Kling, Klong, Rattsch, Bumm! Mamas Tupperdosen und Töpfe scheppern auf den Küchenboden. Unendlich viele Geräuschvariationen entstehen, wenn Dinge aufeinander geschlagen, auf den Boden fallen oder ineinander gesteckt werden.

Das tun Kinder, um das Phänomen des Klangs zu untersuchen:

- Mit Dingen auf feste Untergründe schlagen, um Geräusche zu erzeugen. Sich für Dinge interessieren, die knistern oder rasseln. Sich für Dinge interessieren, die klingen oder quietschen können.

- Sich für die Geräusche, die Tiere machen, interessieren.

- Sich für Musikinstrumente und Musikanlagen interessieren. Musik mögen und sich gerne dazu bewegen.

- Gerne singen und summen. Gerne durch Pfeifen, Schnalzen oder Schnarchen Geräusche erzeugen wollen.

- Mit anderen Kindern probieren, wie laut man schreien kann.

Das Transportieren
Dinge von hier nach dort befördern

Transportieren ist eigentlich ein ganz simples, aber vom Ergebnis her überzeugendes Kunststück: Dinge, die eben noch hier waren, sind plötzlich dort – weil ich sie dorthinbewegt habe.

Das tun Kinder, um das Phänomen der Ortsveränderung von Dingen zu untersuchen:

- Dinge in Taschen stopfen, um sie woandershin zu bringen.

- Dinge zu einem bestimmten Menschen bringen, um ihn damit zu überraschen oder zu beschenken.

- Fahrzeuge beladen und schieben, dabei erleben, wie man Dinge mit großem Gewicht und großem Format bewegen kann.

- Sich für Fahrzeuge interessieren.

- Lange und kürzere Strecken erfahren. Erfahren, dass man sich in vertrauten Räumen orientieren kann.

Das Zusammenstellen
Einzelne Dinge zu einer Gesamtheit zusammenstellen

Aus zwei mach eins: Das ist das Grundprinzip des Zusammenstellens. Wenn ich mehrere Dinge eng zusammenstelle oder staple, nehme ich sie plötzlich als Einheit wahr. Und im besten Fall hat das aus den Einzelteilen entstandene Ding plötzlich eine neue Bedeutung!

Das tun Kinder, um das Arrangieren von Dingen zu untersuchen:

- Aus Bausteinen Mauern errichten und dabei Stabilität erfahren: Hält das Gebaute?

- Objekte an bestimmten Stellen im Raum platzieren, wo sie gut hinzupassen scheinen.

- Mit Bausteinen bauen und sich für Gebautes interessieren.

- Sich neben andere stellen, legen oder setzen. Sich selbst in eine Nische setzen, die einen völlig umgeben kann.

Das Verbinden
Mehrere Dinge zu einem machen

Wie bekomme ich zwei Dinge fest miteinander verbunden? Auch diesem Rätsel werden Kleinkinder noch lange Zeit nachgehen. Indem sie Dinge mit Kleber oder Klebeband verbinden, erfahren sie etwas über die Haltbarkeit von Verbindungen.

Das tun Kinder, um die Verbindung von mehreren Dingen zu einem zu untersuchen:

- Dinge mit Kleber oder Klebeband zusammenfügen und die Haltbarkeit der Verbindung erfahren.

- Dinge mit Schnüren verbinden.

- Gerne Stecker oder ähnliche Gegenstände in passende Öffnungen stecken.

- Sich selbst an Dingen wie Pfeilern oder Zäunen mit aller Kraft festhalten.

- Sich mit anderen gegenseitig festhalten und nicht mehr loslassen.

- Sich mit anderen verbunden fühlen, etwa in einer Freundschaft.

Das Trennen
Fest verbundene Dinge auseinandernehmen

Aus eins mach viel: Das Gegenteil des Zusammenstellens mag kleinen Kindern noch viel magischer vorkommen. Die Dinge, die uns umgeben, können nämlich mit Geschick und Kraft ihre scheinbar unabänderliche Gestalt und Einheit verlieren, indem wir sie zerlegen, auseinandernehmen oder auch zerstören.

Das tun Kinder, um die Zerlegbarkeit der Dinge zu untersuchen:

* Dinge durch das Lösen von Schrauben, durch das Abziehen von Klebeband und Beschichtungen zerlegen.

* Knoten öffnen wollen, Gürtel öffnen.

* Dinge durch Anwendung von Kraft öffnen, trennen wollen.

* Gerne mit Scheren, Sägen, Schraubenziehern hantieren.

* Andere Kinder, die sich festhalten, versuchen zu trennen.

* Sich darauf einlassen, von nahestehenden Personen getrennt zu werden.

Das Ordnen
Ähnliche Dinge mit einander in Beziehung stellen

Die Dinge unserer Welt ordnen sich in Zusammenhängen. Viele Wagen werden ein Zug. Ordnungsprinzipien sind wichtig, um die Welt zu verstehen. Das Bestreben kleiner Kinder die Dinge zu ordnen, ist wichtig für die Ausbildung grundlegender mathematischer Fähigkeiten. Wer ordnet, beginnt sich für die Anzahl von Dingen zu interessieren. Etwas auszuteilen und darauf zu achten, dass alle das Gleiche bekommen. Was für eine Leistung!

Das tun Kinder, um die Kategorisierbarkeit der Dinge zu untersuchen:

- Objekte in „logische" Ordnungen bringen, indem man sie aneinanderreiht.

- Kategorien finden, in denen sich Dinge gleichen und danach ordnen.

- Dinge und Personen in „Familien" ordnen.

- Sich für viele gleichartige Dinge mit leichten Variationen interessieren.

- Gerne Zug mit vielen Wagen spielen.

- Sich für Anzahlen interessieren.

- Sich selbst gerne mit anderen in einer Reihe aufstellen. Dinge für alle verteilen wollen.

- Verstehen, dass beim Verteilen alle das Gleiche bekommen.

Der Perspektivwechsel
Vertraute Dinge aus einer ungewohnten Sicht sehen

Kleine Kinder sind außerordentlich interessiert daran, die Welt immer wieder aus einer anderen Perspektive zu sehen. Wenn wir uns vorstellen, dass ihre Wahrnehmung zunächst eher kleinräumig, auf Einzelheiten in der schwer überschaubaren Fülle an Eindrücken orientiert ist, erscheint die Freude am Perspektivwechsel besonders plausibel. Er ermöglicht immer wieder neue Ansichten auf die Welt. Durch den häufigen Wechsel der Perspektive – indem sie Räume von oben oder ganz unten, durch Schranktüren oder Außenfenster betrachten wollen – lernen sie etwas Grundlegendes: Orientierung. Sie bilden dabei sozusagen den Raum auf einer inneren Karte immer richtiger ab.

Das tun Kinder, um das Phänomen der Perspektivveränderung zu untersuchen:

- Hinter Bilder und Buchrücken schauen wollen. Dinge öffnen, um das Innere sehen zu können.

- Verschiedene Standpunkte im Raum einnehmen und von dort Umschau halten.

- Hinaufklettern und die Vogelperspektive erfahren. Unter Tische und Stühle klettern und die Froschperspektive einnehmen. Sich seitlich rollen und mitverfolgen, wie sich das Bild dreht.

- Möbel verrücken und schauen, was dahinter ist und wie der Raum verändert aussieht.

- Im Spiel eine andere Rolle als im Leben einnehmen: Eltern oder Erzieher spielen.

Das Hinaufgelangen
Hoch hinaus wollen

Nach oben kommen: Im Kindesalter will das wohl buchstäblich jeder gerne. Von Anfang an versucht ein Kind, die Höhe zu erobern. Erst hebt es mühsam das Köpfchen, richtet sich später zum Sitzen auf, versucht dann schon bald, sich ganz hochzuziehen, zu stehen und zu laufen. Aber selbst wenn das alles erreicht ist, wollen Kleinkinder immer höher. Was reizt sie daran, nach oben zu gelangen? Die Übersicht, vielleicht die Chance, einmal das Niveau der Erwachsenen zu teilen. Vor allem ist es wohl die pure Freude daran, es geschafft zu haben dorthin zu gelangen.

**Das tun Kinder, um das Thema „Höhe"
zu untersuchen:**

- Gerne klettern. Hohe Türme aus Bausteinen bauen. Dinge hochwerfen.

- Sich für Kräne und Türme interessieren.

- Sich für Dinge und Tiere interessieren, die fliegen können. Sich für das Wachstum von Lebewesen interessieren.

- Selbst groß sein wollen.

- Aufrechte Figuren zeichnen.

Das Umzäunen
Einen Raum für sich abgrenzen

Das ist mein Raum: Wieder ist es eine Betätigung aus der Frühzeit der Menschheit, der wir hierbei in einem kindlichen Spielschema begegnen. Wie der Mensch erst in Höhlen Schutz gesucht, dann zunächst primitive Häuser aus Ast und Stroh errichtet hat, schließlich aber fast die ganze Welt mit Häusermauern und Zäunen, Mäuerchen und Wällen dazwischen eingeteilt hat, zeigt auch, dass Kleinkinder immer wieder den Drang haben, sich mit einfachen Mitteln räumlich abzugrenzen.

Das tun Kinder, um das Thema „Abgrenzung" zu untersuchen:

- Aus Bausteinen Zäune und Mauern herstellen.

- Bereiche im Raum als Orte definieren, in denen bestimmte Spiele gespielt werden, wo bestimmte Kinder Zutritt haben.

- Sich für Tiere, die in Gattern leben, interessieren.

- Papiere mit Linien „umranden"

- Sich in Nischen setzen, sich in Kartons setzen.

- Sich von anderen im Spiel gefangen nehmen lassen.

- Sich manchmal zurückziehen, andere in Ruhe lassen können.

Der Kreis
Dinge und Situationen untersuchen, die etwas mit Kreisen und Kreisläufen zu tun haben

Eine große Rolle im Leben von kleinen Kindern spielt der Kreis, und es ist naheliegend, dass die Kinder die damit verbundenen Phänomene intensiv untersuchen. Was macht einen Kreis aus? Die Unendlichkeit. Fährt man mit dem Finger an der Kreislinie entlang, kehrt man automatisch zum Ausgangspunkt zurück.

Das tun Kinder, um das Phänomen des Kreises zu untersuchen:

- Sich für Räder interessieren. Sich für Dinge interessieren, die sich drehen.

- Rotierende Dinge wie Kreisel untersuchen. Gerne auf Karussells Rotation erfahren.

- Kreise malen. Kreisförmige Köpfe und Sonnen malen.

- Mit anderen Kindern einen Kreis bilden, indem man sich aneinander festhält.

- Wichtige Kreisläufe im Leben begreifen – etwa gleichbleibende Tagesabläufe oder Ausflüge mit Hin- und Rückweg.

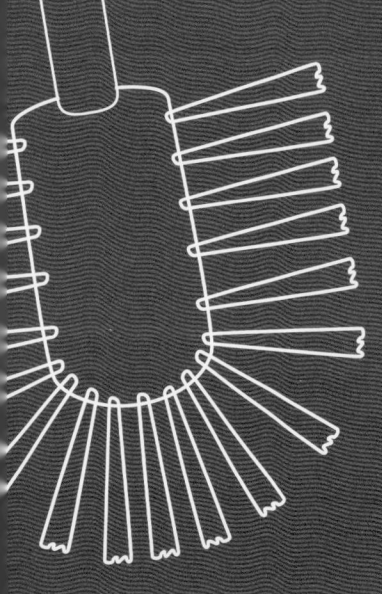

Entdecken, was der Alltag bietet: Tagesstationen für Mitmacher

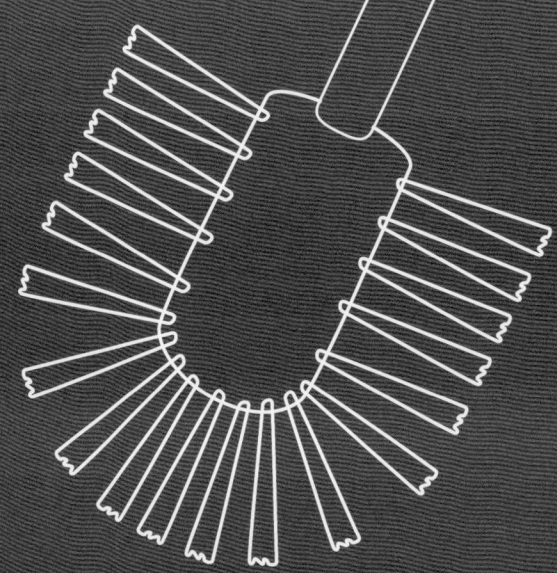

*In diesem Kapitel beginnen wir beim Bedürf-
nis der kleinen Kinder, die Tätigkeiten der
Erwachsenen nachzumachen – Grundlage
für zahlreiche Formen heuristischen Lernens!*

Max liebt einen Schrubber. Bei jeder Gelegenheit rennt er ins Badezimmer, um wenig
später mit dem Schrubber in der Hand
durch die Räume zu stolzieren. Auch Robin
ist verliebt. Zum Ärger seiner Mutter in eine
Klobürste. Die ältere Schwester und alle
Besucher werden ermahnt, ja die Toilettentür
zu schließen, denn Robin wurde schon mehr
als einmal dabei erwischt, wie er genüss-
lich die Klobürste untersuchte. Schließlich
bekommt er eine eigens für ihn eingekaufte
Klobürste geschenkt. Mit ihr verbringt er
noch viele Stunden.

Kleine Kinder hantieren sehr gern mit
Gegenständen, die sie in unseren Händen
gesehen haben. Manchmal wird aus dieser
Neugier ein Lieblingsstück, welches nicht
durch das um einiges handlichere Kuscheltier
zu ersetzen ist. Faszinieren das betreffende

Kind mehr die Eigenschaften des jeweiligen
Dings – die Farbe, die Borsten des Schrubbers
oder der Klobürste – oder interessiert sie
mehr das, was wir damit tun? Wie bei fast
allem, was kleine Kinder tun, kommt wohl
beides zusammen. Vielleicht machen wir die
Kinder erst durch unser intensives Tun darauf
aufmerksam, was für tolle Eigenschaften ein
Gegenstand hat.

Egal wie es dazu kommt, es bleibt festzu-
stellen: Eine hervorragende Grundlage für
das Lernen der Kinder ist es, dieses Interesse
aufzugreifen und den Kindern Zugang zu
unseren Dingen zu geben, damit sie unser
Tun nachmachen können.

Handtasche ausräumen
Die Welt der Großen untersuchen

Das führt alle Kinder auf der Mitte des Teppichs zusammen: Die Handtasche ihrer Erzieherin, groß und vollgepackt, ist heute zum Spielen freigegeben. Wie in einem Schatzkorb liegen dort unterschiedlichste Materialien drin, und von vielen erahnen die Kinder die Bedeutung, weil sie sich erinnern, dass ihre Erzieherin damit umgeht.

Was denken und wissen Kinder über das, was die Erwachsenen um sie tun? Rätselhaft und genau darum spannend, dürften ihnen viele unserer persönlichen Dinge und die damit durchgeführten Handlungen erscheinen: Sie sehen uns mit großem Ernst in Telefone sprechen, auf Zettel Schriftzeichen schreiben oder vertieft in Büchern ohne Bilder blättern. Woher wissen die Großen so genau, welcher ihrer Schlüssel in welchem Schloss wie herum gedreht werden muss? Wozu dienen die bunten Karten im Portmonee und nach welchem System werden an der Kasse ihre Geldscheine gegen Münzen getauscht? Es ist gut, Kindern einmal Einblick in die eigene Handtasche oder den Rucksack zu gewähren. Durch Ertasten und Ausprobieren der dort enthaltenen Dinge – später auch durch Fragen – erfahren sie etwas über unser Leben und auch über unsere Vorlieben und Abneigungen.

Das können wir anbieten

Viele Taschen zum Selbstbefüllen zur Verfügung stellen: Ein Dutzend ulkige Handtaschen in der Krippe sind mehr als nur Verkleidungsaccessoires. Die Kinder können dort „ihre" persönlichen Dinge sammeln und mit sich herumtragen.

Tätigkeiten der Erwachsenen nachmachen
Die Handgriffe und Gesten der Großen

Philipp hat wichtige Aufgaben, das ist klar: Sein Job als Krippenleiter besteht aus allerlei Telefonaten und dem Verfassen von wichtigen Notizen. Schade allerdings, dass ihm noch ein guter Computer fehlt – in seinem improvisierten Büro in der Bauecke.

Was haben Erwachsene zu tun? Antworten auf die Frage, was für die berufliche Tätigkeit Erwachsener typisch ist, finden die Kinder vor allem in der Krippe selbst, indem sie die Handlungen der Erwachsenen nachahmen. Fast automatisch passiert das bei der umsorgenden Rolle der Erzieherin, die sich gut in der Puppenecke oder am Puppenwickeltisch nachspielen lässt und deren Tätigkeit man ja am eigenen Leibe spürt. Rätselhafter ist für Kleinkinder wohl das, was die Leiterin tut – und diese Tätigkeit ist dem, was viele Eltern tun, oft ähnlich: Telefonieren, Schreiben, auf den Bildschirm schauen. All die dafür nötigen Dinge sollten im Krippenraum vorhanden sein: Telefone, eine ausgediente Tastatur, Briefumschläge, Papiere und Stifte.

Eine andere Voraussetzung, um Kindern dieses Untersuchungsfeld zu eröffnen, muss man in den meisten Krippen gar nicht erst schaffen: Die Kinder sollen mitkriegen dürfen, welche organisatorischen Tätigkeiten im Alltag dazugehören – zum Beispiel durch eine ab und zu offene Bürotür.

Arbeiten und Spielen im Garten
Graben, harken, gießen, matschen

Leonie und Fritz machen Gartenarbeit: Mit allerlei Werkzeugen hantieren sie zwischen den Beeten herum, erzeugen Löcher und Spuren auf dem nackten Boden. Ein Riesenspaß ist das! Nachher werden sie mit der Erzieherin die Blumen gießen, vorsichtig, mit viel Hilfe.

Kleinkinder sind in der Regel begeistert vom „Arbeiten" im Garten. Das Hantieren mit der Erde und der Umgang mit Pflanzen entsprechen ihrem Bedürfnis, die Welt mit dem Körper, mit Händen und Füßen zu erkunden. Gerade die Erde ist ein tolles Element: Man kann darin mit Füßen oder Harken Spuren hinterlassen. Es fühlt sich hochinteressant an, diese mal matschige und mal krümelige Masse in den Händen zu halten und zu formen. Geradezu automatisch fangen Kinder an, im Grünen an Blättern zu rupfen, sie zu zerkleinern und spielerisch umzudeuten. Mit einer Gartenarbeit, bei der zarte Pflänzchen vorsichtig gesetzt, gegossen und gehegt werden, hat das, was die Kinder im Grünen gerne machen, wenig zu tun. Vieles von dem, was an „echter" Gartenarbeit fasziniert, ist für die Kleinen auch noch kaum begreiflich: Für sie dauert es viel zu lange, bis aus dem Samen eine Pflanze wird. Sie mögen es zwar gern, an Blumen zu riechen, wollen diese dazu aber ebenso gerne mit den Händen berühren, die Blätter untersuchen und abziehen, sie zerreiben. Es empfiehlt sich im Garten zwei Bereiche einzurichten: In einem Bereich sollte es Blumen und Nutzpflanzen geben, damit die Kinder dort beginnen können, das langsame Wunder des Wachsens

zu begreifen. Natürlich sollen sie dort, geführt durch die Erzieherin, beim Setzen der Pflanzen oder beim Gießen mitwirken können, auch um zu lernen, dass man manche Handlungen sehr vorsichtig ausführen muss. Aber es braucht als Ausgleich auch einen Bereich, wo die Kinder der Natur handelnd, begreifend und ohne allzu große Vorsicht begegnen können. Statt englischem Rasen sollte es dort Erdkuhlen im Boden geben, in denen sich das Regenwasser sammelt. Statt gepflegter Ziersträucher dürfen dort abgestorbene Äste liegen und im Herbst besonders viele Blätter und Baumfrüchte. Hier können die Kinder Pflanzen und Erde sinnlich erfahren – und die Lust, mit einem ungenormten Material freien Umgang zu haben.

Das können Kinder im Garten erfahren

Spuren finden und legen: Hände, Füße, Gartengeräte hinterlassen Spuren auf dem Boden. Man kann solche Spuren gezielt erzeugen.

Etwas über Pflanzen verstehen: Pflanzen gehen in der Erde weiter, haben Wurzeln, mit denen sie sich im Boden festzukrallen scheinen. Dieses erfährt man am besten, wenn man sie ausgräbt.

Gerüche wahrnehmen: Die Natur ist voller unterschiedlicher Gerüche. Nasse Erde, trockene Erde, Baumrinde, frisches Holz, Blätter und Blüten – alles riecht anders.

Bauen: Zweige und Ästchen in den Boden stecken, so entstehen die ersten stabilen Konstruktionen.

Wachstum verstehen: Schneller als Menschen wachsen Pflanzen. Wer ab und zu den gleichen Ort im Garten aufsucht, erkennt, wie Pflanzen sprießen und wachsen, blühen und verwelken.

Das können wir anbieten

Ecken im Garten einrichten: Eine Bauecke mit Steinchen und Zweigen, die jederzeit verbaut werden können. Eine Ecke zum Graben mit Schaufeln, einen „Staun-Garten" mit schönen Blumen.

Gartentage und Gartendienste anbieten: Mit einfachen Arbeiten wie harken, gießen, säen und ernten.

Tiere pflegen und umsorgen
Ein sauberes Bettchen für Moppel

„Moppel komm, Essen ist fertig!" So, wie es die kleine Mascha macht, wird das nichts: Das gefleckte Kaninchen reagiert einfach nicht auf gesprochene Aufforderungen, egal wie laut man ruft! Sophie stellt sich schon viel geschickter an. Sie hält ein großes Gurkenstück – Moppels Lieblingsessen – mit weit ausgestrecktem Arm in dessen Nähe. Und schon frisst Moppel ihr aus der Hand!

Manche Kleinkinder besitzen schon dutzende von Kuscheltieren wie Bären, Löwen, Hunde, Elefanten und Robben, haben schon zahllose Geschichten von sprechenden Tieren vorgelesen bekommen, ehe sie zum ersten Mal wirklich in Kontakt mit einem lebenden Tier kommen. Man könnte fragen, ob sie echte Tiere überhaupt mögen, wenn sie sie doch gar nicht kennen? Schon aus diesem Grund ist es gut, im Garten der Krippe ein Kaninchen zu halten.

Aber die Begegnung zwischen Kleinkind und Tier bietet noch viel mehr: So begegnen die Kinder mit Moppel, dem an sich freundlichen Kaninchen, erstmalig einem Lebewesen, dass auf ganz andere Art behandelt werden muss als große und kleine Menschen. Anders als die Erwachsenen, ignoriert das Tier schreien, jammern oder bitten, wenn man etwas von ihm will. Auch die Erzieherin, die sonst alle Konflikte mit den Kindern sicher regeln kann, ist diesem Wesen gegenüber eher machtlos. Tiere erziehen uns dazu, genau auf die Bedürfnisse anderer zu achten.

Das können Kinder im Umgang mit Tieren erfahren

Verstehen, was Mensch und Tier unterscheidet: Wir können miteinander sprechen, nicht aber mit dem Tier. Das Tier bekommt meistens anderes Essen als wir.

Verstehen, in was Mensch und Tier sich gleichen: Wir essen, schlafen, scheiden aus, bewegen uns, sind manchmal müde, manchmal munter.

Bedürfnisse von Lebewesen verstehen und beginnen, sie zu befriedigen: Tiere brauchen Futter, Wasser und einen sauberen Stall.

Verstehen, was Spiel von Ernst unterscheidet: Die Puppe kann man im Spiel umsorgen, wenn man gerade Lust dazu hat, aber der Hase braucht diese Pflege immer.

Das können wir anbieten

Einen großen Stall mit zwei Kaninchen: In Kinderhöhe, mit langen offenen Seiten zum Hineinschauen und Rückzugsecken für das Tier

Sich alleine anziehen
Jeder Strumpf ein Triumph

„Allein!!!", brüllt es aus dem Kinderzimmer. Dabei hat Janis' Mutter nur versucht, dem Eineinhalbjährigen beim Anziehen zu helfen. Bis Janis sich beruhigt hat – und dann auch endlich angezogen ist – kann es noch eine Weile dauern. Wahrscheinlich sind die Strumpfhosen dann falsch herum und das Unterhemd hat Janis gleich ganz weggelassen – aber angezogen hat er sich allein!

Sara legt jeden Abend ihre Kleider sehr ordentlich zusammen. Sie packt kleine Päckchen aus den Dingen, die in den Augen ihrer Mutter ohnehin in die Wäsche kommen. Eine zeitaufwendige Prozedur, die an den Nerven ihrer berufstätigen Mutter zehrt. Das machen, was die Großen tun: Diese Motivation trifft schon für Kleinkinder ganz besonders dann zu, wenn es um Tätigkeiten geht, die direkt am und für das Kind selbst durchgeführt werden. Bei dem Wunsch, selbst auch einmal die Blumen mit der großen Gießkanne zu gießen, mag es mehr um die Nachahmung einer wichtigen Erwachsenentätigkeit gehen. Wenn sich Kinder selbst anziehen wollen, selbst ihr Essen auftun wollen, selbst den Wickeltisch erklimmen und die Windelverschlüsse aufziehen wollen, dann steht ungleich mehr ein Bedürfnis nach Autonomie und Selbstbestimmung im Vordergrund. So sehr sich Kleinkinder danach sehnen, betreut, bekümmert und irgendwie auch bedient zu werden, so sehr fasziniert sie auch das Gegenteil: Ein Hauch von Selbstständigkeit, der sich daran zeigt, dass man auch für sich selbst sorgen kann. Verbunden mit der Möglichkeit, ein wenig Einfluss darauf zu nehmen, wie man behandelt wird. Wer sich selbst den Pullover anziehen kann, verhindert, dass der Erwachsene das auf eine Art macht, die einem vielleicht nicht gefällt. Oh, wie schwer aller Anfang gerade bei diesem Thema ist! Es ist zeitraubend, wenn Kinder mit zwei Jahren den Weg ins eigene Hosenbein suchen oder versuchen, einen Knopf zu schließen. Und es ist mit Geduld und Anspannung verbunden, auf Seiten des Kindes wie des zusehenden Erwachsenen! Nicht leicht ist es, jemandem minutenlang bei einer Tätigkeit zuzusehen, die bei uns nur Sekunden dauerte. Dabei erleben wir doch gerade in diesem Moment etwas, was für so viele Kursangebote frühkindlicher Förderung nicht zutrifft: Lernen im Tempo des Kindes, lernen an einer selbstgesuchten Aufgabe, lernen bei einem Thema, das wirklich Bedeutung für das Leben des Kindes hat. Was will man mehr?

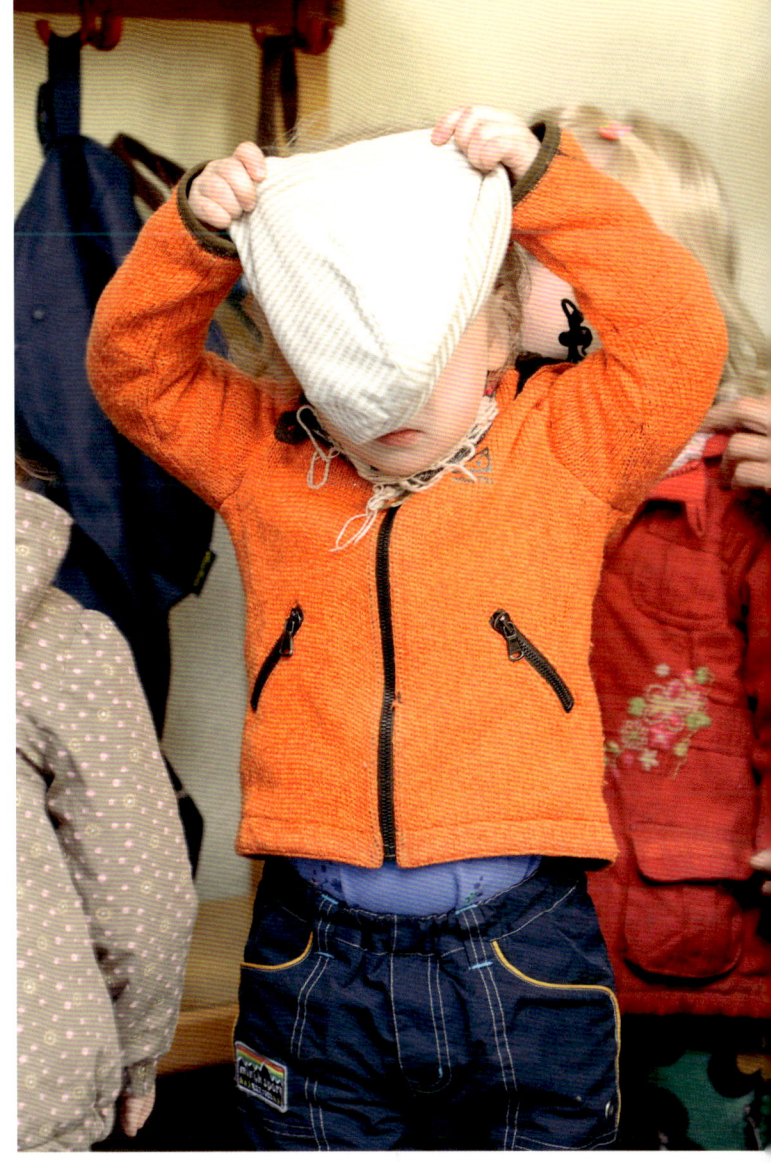

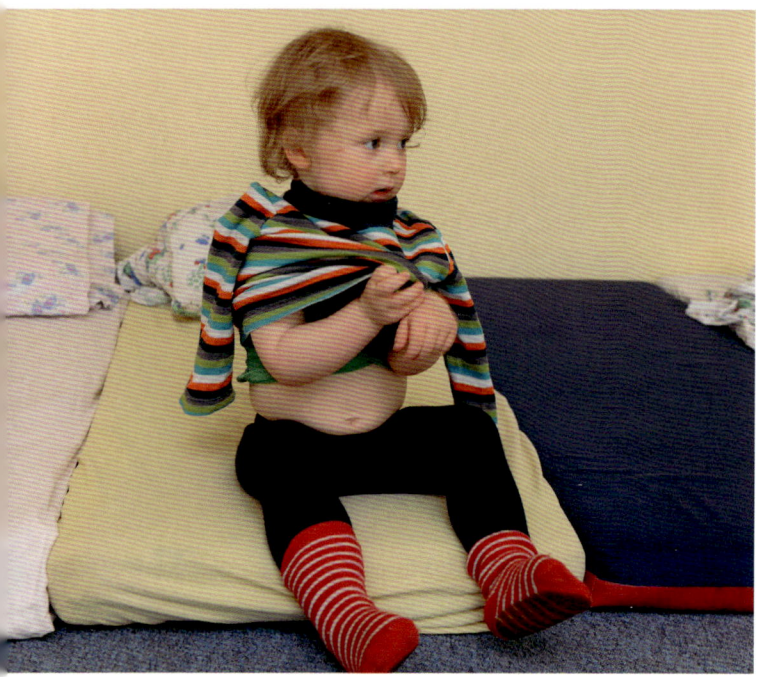

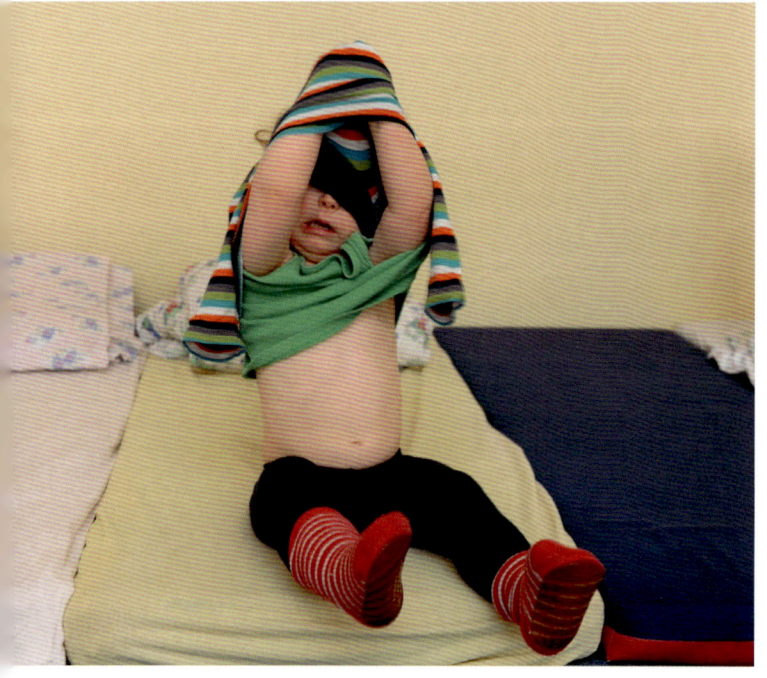

 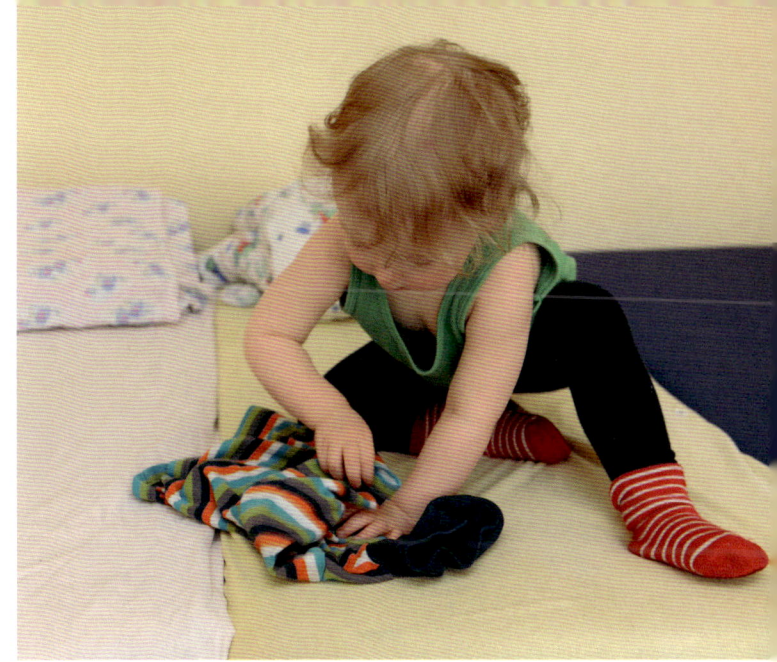

 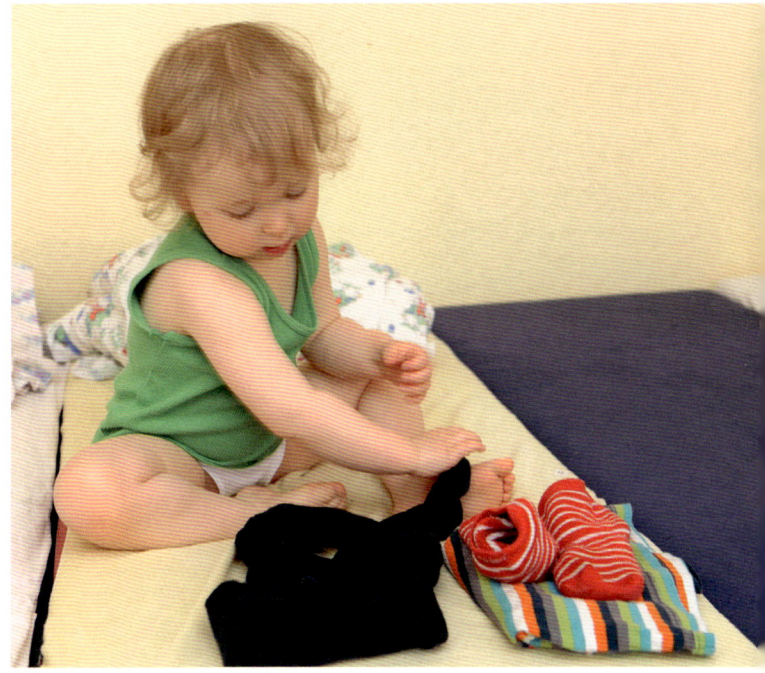

Füreinander den Tisch decken
Jeder Teller kriegt eine Gabel

Schon lange vor dem Essen legen Luc und Mirek los: Sie dürfen und wollen heute den Mittagstisch vorbereiten, und weil sie das häufiger tun, brauchen sie nicht allzu viel Begleitung. Mirek und Luc wissen, wo welches Kind sitzt und wer heute nicht da ist, wo sich die Teller, Gabeln, Tassen und Löffel befinden und wie viele Teller man auf einmal tragen kann. Das schwerste kommt zum Schluss: Ganz vorsichtig trägt Mirek das Kännchen mit dem Früchtetee. Heute hat es schon gut geklappt, nur einmal ist richtig viel auf den Weg gekleckert!

„Wesentlich schneller ginge es, wenn ich das mache.", denkt vermutlich jeder, der die Kinder seiner Krippengruppe einlädt, den Tisch zu decken. Aber warum sollte man eine derart vielseitige Lernsituation wie das Tischdecken vergeuden? Warum sollte man Kindern eine spannende Tätigkeit vorenthalten, um sie dann selbst lustlos auszuführen? „Schön, dass die Kinder von Anfang an lernen, im Haushalt mitzumachen!" freuen sich manche Eltern über die tischdeckenden Kinder. Dabei spielt dieser Gewöhnungseffekt, wenn er denn überhaupt einsetzt, im Vergleich zu dem, was man beim Tischdecken lernt, wahrlich eine untergeordnete Rolle. Wenn Kinder den Tisch decken sollen, müssen wir dem in der Gestaltung des Essbereichs natürlich Rechnung tragen: Teller, Besteck und Tassen müssen in niedrigen Schrankfächern untergebracht sein, und es ist gut, außen an den Schrank ein Bild von dessen Inhalt anzubringen, um langes Suchen zu vermeiden.

Die Tellerstapel sollten nicht zu hoch sein. Es ist außerdem günstig, wenn der Weg vom Schrank zum Tisch nicht allzu verwinkelt ist. Und Essen sollte in kleinen Gefäßen, die die Kinder problemlos tragen – und während der Mahlzeit auch gut weiterreichen können – angeboten werden.

Das können Kinder beim Tischdecken erfahren

Mengen erfassen: Bei der Frage, ob ich schon genug Teller für jeden Essplatz geholt und gedeckt habe, trainiert sich das Zahlenverständnis von selbst.

Dinge vorsichtig transportieren: Teller müssen mit Bedacht getragen und abgesetzt werden, volle Gefäße dürfen nicht gekippt werden, und mehrere Besteckstücke in einer Hand sind schwer zu greifen. Das Tischdecken steckt voller motorischer Anforderungen.

Tägliche Abläufe verstehen und mitgestalten: Warum man heute tiefe Teller und Kompottschälchen braucht und was passiert, wenn man etwas vergisst, lernen die Kinder beim täglichen Tischdecken.

Das können wir anbieten

Tischdienste einrichten: Zwei Kinder und eine begleitende Erzieherin oder Küchenhilfe.

Kleine Schritte vorbereiten: Indem wir das Geschirr und die Teller neben dem Regal bereitstellen, bis die Kinder den Ablauf kennen.

Mit den Kindern üben: Wie man kleine Mengen Geschirr trägt.

Aktive Mahlzeiten
Umfüll- und Matschexperimente mit Pausensnack?

Leo hat heute wie so oft keinen Hunger, aber das Mittagessen macht ihm trotzdem immer großen Spaß: Erst das Einfüllen des Tees aus dem kleinen Kännchen, dann das Auftun des Kartoffelbreis auf den Teller, Soße hinzu und dann in Ruhe Matsch machen! Janet isst gerne. Besonders Erbsen mag sie, auch wenn das eine ziemlich langwierige Angelegenheit für sie ist. Klar, wenn man versucht, jede dieser grünen Kugeln auf einem Gabelzinken aufzupieken!

Gemeinsam essen heißt, Speisen zu genießen, Gerüche zu verstehen, Gespräche zu führen, sich nahe zu sein. Bei Krippenkindern kommt dazu noch eine weitere Komponente ins Spiel: Die Kinder benutzen die Dinge auf dem Teller auch dazu, experimentelle Untersuchungen zu starten. Es sind ja die tollsten Materialien dort auf dem Teller: Lange, gewundene Schnüre wie die Nudeln, kleine Kugeln wie manche Gemüse, breiige Substanzen und vieles mehr. Kein Wunder, dass sie oft aufgrund der feinmotorischen Beanspruchung sehr konzentriert beim Essen aussehen! Dem experimentellen Bedürfnis kommt es sehr entgegen, wenn die Kinder sich selbst auftun können. Einen Löffel mit Speisen füllen und zum eigenen Teller hinüber wandern lassen, das ist eine Übung, die Krippenkindern Spaß macht, genau wie das sorgfältige Eingießen. Dass auch beim Essvorgang die Speisen oft weniger kauend als vielmehr motorisch untersucht, zerteilt und zerdrückt werden, sollte uns nicht wurmen. Kleine Kinder erkunden die Welt eben, indem sie Dinge mit Hand und Mund

erforschen: Genau, wie sie aus unserer Sicht nicht dafür gedachte Gegenstände anlecken, statt sie einfach nur mit den Fingern abzutasten, möchten sie eben auch andersherum Speisen durch Zerlegen erfahren, bevor sie diese essen.

Das können Kinder in einer kindgerecht gestalteten Essenssituation erfahren

Feinmotorik-Training und Auge-Hand-Koordination: Gerade beim Auftun kann man gut üben, Dinge passgenau zu transportieren.

Strukturen der verwendeten Lebensmittel: Gemüsesorten, Fleisch, Reis, alles hat andere Formen, Strukturen und Eigenschaften.

Mengenverständnis entwickeln: Sich ungefähr die Menge Essen aufzutun, die man essen möchte, ist eine Sache, die man lange üben muss.

Geschmackserfahrungen differenzieren: Wonach schmeckt dieses Gemüse, welche Speise steckt hinter diesem starken Geschmack? Es ist gut nachvollziehbar, dass kleine Kinder Speisen aus wenigen Rohstoffen bevorzugen, weil diese leichter zu erkennende Geschmäcker haben.

Das können wir anbieten

Essen in kleinen Schüsseln und mittelgroße Löffel: Kleine Schüsseln kann man gut über den Tisch schieben, um sich selbst daraus zu bedienen und mittelgroße Esslöffel verhindern, dass die Kinder zu viel Essen auftun und die Hälfte dabei verlieren.

Stühle, auf denen Erzieherinnen gerne sitzen: Eine gemütliche Essenssituation entsteht, wenn Erzieherinnen ruhig mit am Tisch sitzen, statt die ganze Zeit „Bedienung" zu spielen. Voraussetzung ist, dass die Erzieherin dort auch gut sitzt – zum Beispiel wie die Kinder auf hohen Tripp-Trapp-Stühlen, nicht gebückt auf Mini-Stühlchen.

Das Putzen
Zauber, zauber, alles sauber!

Heiner und Marie machen alles sauber. Mit großen Lappen reinigen sie die Oberflächen im Raum – von Staub und Klecksen vielleicht, auf jeden Fall auch von Dingen wie den Bauklötzen, die jetzt mit Schwung vom Tisch heruntergefegt werden. Die beiden Kinder kichern wohlig: Putzen macht Spaß!

Früher hätte man vielleicht gedacht, dass ein Teil der Krippenkinder – die Mädchen natürlich – deswegen so gerne Putzen spielen, weil sie ganz intuitiv als weiblich ausgemachte Tätigkeiten nachahmen, so wie sie ja auch gerne ihre Puppen umsorgen. Viel naheliegender, warum Jungen wie Mädchen gern Besen, Schrubber oder Wischlappen in die Hand nehmen, scheinen mit heutigem Blick die folgenden Hintergründe zu sein: Zum einen befinden sich die Kleinen ja in einer Umgebung, in der vergleichsweise viel verschmutzt und dann wieder geputzt wird. Gleichzeitig sind gerade mit dem Verschmutzen oft emotionale Situationen verbunden: Du hast den Becher fallenlassen? Im Klo ist etwas danebengegangen? Dein Auto ist ganz sandig? Warte, ich helfe dir! Oft liegt im Putzen, Abwischen oder Reinigen ein besonderer Moment der Fürsorge für die Kleinen. Zweitens macht Putzen einfach Spaß, weil es mit allerlei Tätigkeiten verbunden ist, die ohnehin zu den elementaren Experimenten der Kinder gehören: Staubsauger, Besen und Lappen bahnen sich Wege durch die Unordnung, den Staub oder Schmutz. Dinge verändern sich, wenn sie lange unter den Wasserstrahl gehalten werden.

Das können wir anbieten

Waschtag anbieten: Gemeinsam Puppensachen waschen und aufhängen.

Abwasch machen: Gemeinsam Puppengeschirr an der Spüle waschen.

Putztag: Gemeinsam in den Räumen staubwischen, fegen und aufräumen.

Badetag: Puppen baden, abtrocknen und ins Bett legen.

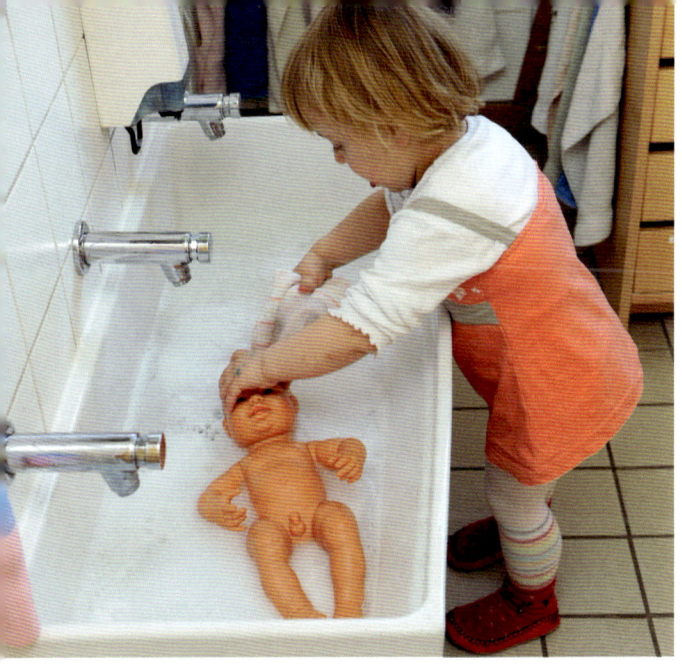

Schrauben, hämmern, reparieren
Erste Begegnungen mit dem Werken

Der Puppenwagen ist kaputt gegangen, mitten im Spiel, einfach so... oder deswegen, weil zu viele Kinder darauf herumgeturnt sind und gleichzeitig versucht haben zu schieben? Genau untersucht wird jetzt jedenfalls die Bruchstelle, und selbst die kaum sprechenden Jüngsten versuchen mit Gesten den Vorgang des Auseinanderbrechens nachzustellen.

Herr Huber ist toll, wissen die Kinder jetzt: Der Hausmeister weiß immer Wege, um Dinge wie den Puppenwagen wieder ganz zu machen. Klar, dass die Kinder diesem Wundertäter genau zusehen wollen, um herauszufinden, wie man kaputte Dinge wieder repariert! Was kaputt ist, muss schnell aussortiert werden, um es unsichtbar wieder zu reparieren oder auszutauschen: So sind wir es gewohnt, nicht nur in der Krippe. Eigentlich kein Wunder, dass die Kinder auf diese Weise nicht den nötigen Respekt vor dem Wert der Dinge um sie herum haben, wie wir so oft beklagen. Viel ärgerlicher scheint aber, dass man mit dem Aussortieren und Wegwerfen von defekten Geräten eine prima Erfahrungsmöglichkeit verschenkt: Kleine Kinder sind, wenn sie mal beim Handwerkern dabei sein dürfen, in der Regel ausgesprochen leicht zu faszinieren. Kein Wunder: Bei dem, was Erzieherinnen oder Hausmeister in der Werkstatt machen, kommen mehrere der elementaren Experimente der Kinder zum Zuge: Es werden Oberflächen behandelt, Löcher gebohrt, Dinge verbunden und getrennt. Die Spielzeugindustrie hat, weil

Kinder Werkzeuge lieben, eine fade Alterna-
tive geschaffen: Echt aussehende Werkzeuge,
die den Markennamen tragen, drehen und
blinken, aber keine einzige Schraube in die
Wand drehen können. Dabei sind die echten
Werkzeuge nicht unbedingt gefährlich. Klar,
wer Kindern nicht zeigt, wie man mit Sägen
und Schraubendreher umgeht, wird in der
Regel Verletzung und Tränen ernten. Wie gut
ist es dagegen, wenn wir in der Werkstatt das
Interesse der Kinder aufgreifen, sich von pro-
fessionell agierenden Erwachsenen zeigen zu
lassen, wie man etwas richtig macht!

Entdecken, was die Dinge tun: Begegnungen mit Materialien

doch diese Vorstellung von den kleinen Mitmenschen in Wohnung oder Krippe unterscheidet. Die Kinder interessiert der Zweck, zu dem wir diese Dinge gedacht, angeschafft, aufbewahrt haben, wenig, sie betrachten all die Sachen um sie herum als Träger von zahlreichen Möglichkeiten. Kinder im Krippenalter fragen uns nicht, wozu etwas da ist, sondern fragen das Ding, was man alles damit machen könnte. Sie untersuchen es gründlich, um selbst zu entdecken, was man damit tun kann. Und diese Untersuchung führen sie nicht nur mit allen Sinnen, sondern auch mit möglichst allen Experimenten, die sich schon bei anderen Dingen als erfolgreich erwiesen haben, durch. Also werden die Druckknöpfe gedreht, weil dadurch ähnlich wie beim Radio Musik ertönen könnte, und heimlich wird die Klobürste zum Kämmen verwendet.

Mit jedem Ding kann man eine bestimmte Sache machen, bei besonders praktischen Dingen vielleicht auch zwei oder drei. In der intensiven, zieloffenen Untersuchung der Kleinkinder ergibt sich meist eine Vielzahl von Erfahrungsmöglichkeiten mit einem Gegenstand: Der abgebrochene Fahrradschlüssel eignet sich nicht nur dazu, ihn ins Schloss zu stecken, sondern auch, um den Pudding damit zu rühren, Spuren zu hinterlassen, beim In-den-Mund-nehmen zwei unterschiedliche Oberflächen zu erkunden. Vieles steckt in einem Ding drin, und es ist kein Wunder, dass kleine Kinder oft einen persönlichen Lieblingsgegenstand eine Zeitlang immer und überall mit hinnehmen, um sich erst später wieder anderen Dingen zuzuwenden.

In diesem Kapitel stehen Dinge im Vordergrund, die Krippenkinder zu Untersuchungen bewegen. Das Kapitel stellt einzelne Materialien vor, mit denen sich Krippenkinder besonders intensiv auseinandersetzen können. Darüber hinaus beschäftigen wir uns mit der Frage, in welcher Form wir diese Dinge bereithalten können.

„Immer wieder sammelt er den unmöglichsten Kram in seinem Zimmer und in seinen Taschen an!" Junge Eltern kann es regelrecht verblüffen, mit welcher Systematik Kleinkinder das tun, was uns, je geordneter wir leben, völlig fremd ist: Sich mit Dingen umgeben, die keinen klaren Nutzen haben. Für uns Große ist es oft eine schöne Vorstellung, nur mit nützlichen, sinnvoll ausgewählten Dingen zusammenzuleben. Alles hat einen bestimmten Zweck, ist da, um etwas ganz bestimmtes damit zu machen. Wie sehr uns

Der Schatzkorb
Die ganze Welt in einem Korb

Die sechs Monate alte Laura hat gerade sitzen gelernt. Da es noch keinen Krippenplatz für sie gibt, ihre Mutter aber wieder arbeiten geht, verbringt Laura viel Zeit mit ihrer Oma. Am liebsten sitzt Laura vor dem Klammerkörbchen, welches Oma ihr hinstellt, wenn sie Wäsche aufhängt. Heute hat Oma ihr eine leere Plastikflasche mit farbigem Wasser gefüllt und einige Glitzersteine hineingetan. Voller Staunen betrachtet Laura wie sich das Licht in der Flasche fängt und die Glitzersteinchen darin hin- und herschweben.

Gerade für kleine Kinder sind die ganz einfachen Dinge von großer Bedeutung. Das Erkennen der Welt beginnt mit ausgiebigem Betrachten. Dazu passt das wunderbare Goethe-Zitat: „Jeder neue Gegenstand, wohl beschaut, schließt ein neues Organ in uns auf."[2] Kleine Kinder brauchen ausreichend Gelegenheit und Zeit sich dem Beschauen der Gegenstände zu widmen. Doch Goethes Satz geht weiter: „Am allerfördersamsten aber sind unsere Nebenmenschen, welche den Vorteil haben, uns mit der Welt aus ihrem Standpunkt zu vergleichen und daher nähere Kenntnis von uns zu erlangen, als wir selbst gewinnen mögen."[3] Im Sinne Goethes

täte Lauras Oma gut daran, sich gelegentlich zu Laura zu setzen und mit ihr gemeinsam die Dinge zu betrachten, mit Laura zu sprechen, sie zum Untersuchen der Gegenstände zu animieren und daraus einen neuen Spaß, eine neue Anregung für Laura zu entwickeln. Nichts anderes sollen Erzieherinnen in den Krippen tun. In vielen Krippen und Kinderzimmern findet sich normalerweise nicht die notwendige Ansammlung von Alltagsgegenständen, die sich für das Stimulieren kleiner Kinder eignen.

Elinor Goldschmied forderte Mütter und Pädagogen auf, solche Dinge in Form eines Schatzkorbs anzubieten.[4] Die unterschiedlichsten Alltagsdinge sollte ein solcher Korb enthalten, nur eines nach der Idee von Elinor Goldschmied nicht: herkömmliches Spielzeug. Ein solcher Schatzkorb ist eine ideale Möglichkeit des Spielens und Lernens für Kinder, die in der Lage sind aufrecht zu sitzen, noch bevor sie robben oder krabbeln können. In diesem Stadium der Entwicklung sind Babys aufmerksam genug, um sich selbst längere Perioden am Tag mit Gegenständen zu beschäftigen. Sie entwickeln in diesem Alter die Fähigkeit Objekte zu ergreifen, zu halten

---

[2] Goethe, Johann Wolfgang von: Bedeutende Fördernis durch ein einziges geistreiches Wort. Zur Morphologie (Stuttgart), 2. Band, 1. Teil, 1823.

[3] Goethe: Bedeutende Fördernis. 1823.

[4] Goldschmied, Elinor: People Under Three. Young People in Day Care. Routledge Chapman & Hall 2003.

und mit ihnen zu manipulieren – vorausgesetzt die Dinge wecken ihr Interesse. Die Tätigkeit am Schatzkorb fördert schon früh die Selbständigkeit, Fein- und Grobmotorik werden trainiert und die Kinder machen erste Erfahrungen über die Benutzung der Alltagsdinge aus ihrem Umfeld. Die Dinge im Schatzkorb sprechen außerdem alle Sinne an.

Schatzkorbideen:

Für alle Körbe gilt: Wählen Sie einen Korb mit einem Mindestdurchmesser von 35 cm und einer Höhe von 12 cm, ohne Henkel und mit flachem Boden. Der Korb muss fest genug sein und sicher stehen, so dass er nicht kippt, wenn die Kinder sich darauf lehnen. Der Korb wird mit Gegenständen aus dem Alltagsleben gefüllt. Dieses können Dinge aus Bad und Küche sein, wichtig ist, dass die Kinder die Benutzung dieser Dinge zu Hause erleben können.

Darauf muss man achten

Neben der regelmäßigen Reinigung brauchen die Dinge im Korb auch Wartung und Pflege. Sie müssen ab und zu ausgetauscht und erneuert werden. Immer mal wieder etwas Neues in den Korb getan, das hält das Interesse der Kinder aufrecht.

Achten Sie darauf, dass das Kind gut sitzt, stützen Sie es eventuell mit einem Kissen. An einem Korb können zwei bis drei Kinder sitzen. Alle sollten aber gut an die Dinge herankommen und neben sich ausreichend Platz haben, um die Dinge aus dem Korb abzulegen.

Was machen Sie, während das Kind am Schatzkorb spielt? Dabei sein, ohne ungefragt einzugreifen! Denn die Kinder brauchen Ihre Anwesenheit bei der Auseinandersetzung mit den Gegenständen im Korb.

Man sieht es: Die Kinder vergewissern sich mit Blicken, ob Sie noch da sind und ihr Tun mitverfolgen, denn das gibt den Kindern die Sicherheit, dass ihr entdeckendes Spiel kein Risiko darstellt.

Es ist nicht sinnvoll in die Spielhandlung der Kinder einzugreifen, um sie in einer bestimmten Handlung zu bestärken oder ihnen ein bestimmtes Material in die Hand zu geben. Die Kinder finden selbst heraus, welcher Gegenstand für sie interessant ist und wie sie ihn benutzen können.

Nutzen Sie die Zeit, um das Kind bei seinem Tun zu beobachten, achten Sie darauf, welches Material das Kind besonders anspricht, welches Spielschema das Kind zeigt, um es bei der nächsten Gelegenheit weiter zu fördern.

Gut geeignet für den Schatzkorb sind Dinge, die sich interessant anfühlen:

- verschiedene Bürsten und Kämme
- Schwämme
- eine Zahnbürste
- ein Wollknäuel
- Stofffetzen
- Luftpolsterfolie

Dinge, in die man hineinfassen oder etwas hineintun kann:

- ein Teesieb
- Servietten- und Gardinenringe
- Dosen oder Schachteln
- eine leere Geldbörse
- Toilettenrollen
- Deckel von Einmachgläsern
- eine Zitronenpresse

Dinge, die interessant zu betrachten sind:

- ein kleiner Spiegel
- ein Notizblock

Dinge, die interessante Geräusche machen:

- Innenverpackungen von Pralinen
- ein Bund mit alten, schweren Schlüsseln

Die Materialwanne
Zum Reinlegen schön

Jim sitzt in der Wanne und spielt mit der Materie, in der er badet: Diesmal ist es aber nicht das gewohnte Element Wasser, sondern eine große Menge Linsen, die sich an seine Haut schmiegen, in denen er rührt und mit denen er wirft.

An der Badewanne mit Wasser lieben viele Kinder – aber beileibe nicht alle –, dass sie dem Element Wasser ganz intensiv ausgesetzt sind, weil es ihr größtes Wahrnehmungsorgan Haut komplett umgibt. Andere Kinder erschreckt genau diese Intensität. Warum nicht auf gleiche Weise auch andere Materien rundum erfahren? In Materialwannen, für die sich eine große Plastikwanne gut eignet, können wir viele andere Materialien anbieten, die folgende Kriterien erfüllen: Sie sind preiswert in großer Menge zu beschaffen, sie bieten unterschiedlichste taktile Reize und sie dürfen keine unüberschaubare Gefährdung beim Verschlucken darstellen. Klar sollte sein: Nicht anders als beim Baden in der „echten" Badewanne sollten die Kinder beim Materialbad gut beaufsichtigt sein, sodass auch überschaubare Gefahrenquellen wie Bohnen, Linsen oder Kastanien, die für unbeaufsichtigtes Spiel als zu verschluckgefährlich gelten, verwendet werden können. Größere Krippenkinder benutzen die Materialwanne auch gerne als Buddelkasten im Innenraum.

Das können Kinder in der Materialwanne erfahren

Oberflächenbeschaffenheit untersuchen: unterschiedliche Materialien auf der Haut und an den Händen spüren

Fall- und Schüttexperimente machen: Das macht kleinen Krippenkindern besonders Freude, wenn sie von der Materie komplett umgeben sind

Materialwannen-Ideen:

- Bad in getrockneten Bohnen oder Linsen
- Papierbad mit weichen Zellstofftüchern in größerer Menge
- Blätterbad im Herbst
- Sandbad
- Schwammbad in vielen weichen Schwämmen
- Bad in aufgepoppter Maisstärke (als „Playmais" erhältlich, wesentlich preiswerter auch als ungefärbte Füllmasse für Verpackungen)

Das Tablett
Eine Einladung zum konzentrierten Spiel

Was Jost tut, erinnert an systematisches Arbeiten, vielleicht an einem Heimarbeitsplatz: Der Zweijährige hat sich ein Tablett auf den Tisch gestellt, auf dem sich Rohrstücke, Nudeln, eine Murmel und eine Schöpfkelle befinden. Was wohl diese Kombination an Dingen bedeutet? Jost denkt mit den Händen darüber nach, indem er beginnt, die Rohrstücke ineinander zu stecken – das geht schlecht! – und anschließend die Spiralnudel in das Spiralrohr steckt. Etwas ratternd fällt dort drin die Nudel hinab, ein Effekt, der sich beim zweiten, glatten Schlauchstück so eindrucksvoll nicht wiederholt. Flotter und geräuschärmer saust sie durch den Schlauch. Warum ist das so, ist es immer so, und was könnte man mit der Schöpfkelle anfangen?

Aus dem Schatzkorb für die Babys wird das Tablett für das Kind um das zweite Lebensjahr. Schatzkorb wie Tablett bieten einen Rahmen um eine Auswahl an Gegenständen aus dem Alltagsleben der Kinder, und doch liegt ein großer Unterschied in dem Zusammenhang zwischen den Dingen, die sich dort befinden: Im Schatzkorb war es uns ein wichtiges Kriterium, Dinge möglichst unterschiedlicher Eigenschaften anzubieten, damit das Kleinkind bei seinen Untersuchungen nacheinander höchst unterschiedliche Materialien erfahren konnte. Nun untersucht das Kind die Dinge gleichzeitig und prüft, was sich aus dem Zusammentreffen der Gegenstände an spannenden Untersuchungsvorhaben ergeben könnte. Damit bei dieser Untersuchung

auch etwas Spannendes herauskommt, hat die Erzieherin des Kindes auf dem Tablett absichtlich Dinge versammelt, mit denen zusammen man etwas tun kann, was Kindern Freude macht.

Aufgabe des Tabletts ist nicht nur, ein Gefäß für die Dinge zu sein. Das Tablett hat eine Unterteilung, meistens in der Mitte, um eine Ordnung zu erzeugen: Rechts liegen beispielsweise beim abgebildeten Tablett mehrere Rohre, links die Dinge, die dort durchgesteckt werden können. Die Ordnung signalisiert die Beziehung zwischen den Dingen. Zusätzlich kann es gut sein, neben das Tablett noch ein Foto zu legen, auf dem zu sehen ist, wie ein Kind dieses Tablett schon einmal benutzt hat. Dieses Aktionsfoto lädt das betrachtende Kind ein, die Situation auf dem Foto nachzuahmen.

Gute Aktionstabletts enthalten immer eine einzige spielerisch zu lösende Aufgabenstellung. Aber sie bieten durch eine begrenzte Materialvielfalt auch Varianten dazu an: Wenn zwei verschiedene Rohre und zwei verschiedene Nudelformen zum Durchstecken bereitliegen, ist es interessant, die Unterschiede von vier möglichen Kombinationen zu erproben. Mit der Murmel als weiterem Durchsteckmedium und der Schöpfkelle als Erhöhung des Schwierigkeitsgrades beim Einfüllen wächst die Zahl der Möglichkeiten schon exponentiell: Grund genug, das Tablett nicht nur einmal, sondern viele Male zu bespielen!

Unsere Erfahrung ist: Es ist gut, für das Arbeiten mit Tabletts eine ruhige Ecke einzurichten, zum Beispiel ein langes, tischartiges Brett mit Blick zur Wand, denn die Kinder mögen es, sich dabei zu konzentrieren. Es ist sinnvoll, jedes Tablett eine Weile anzubieten, um es dann wieder durch neue, veränderte Aufgabenstellungen abzulösen.

Das können Kinder im Umgang mit Tabletts erfahren

Feinmotorik üben: Fast immer wird auf dem Tablett etwas mit gezielten Bewegungen transportiert oder manipuliert. Weil durch unterschiedliche Materialien auf dem Tablett der Schwierigkeitsgrad für die Motorik verändert werden kann, bleibt das Tablett für lange Zeit eine Herausforderung für die Feinmotorik.

Ursache-Wirkungs-Prinzip verstehen: Jedes Tablett ermöglicht eine Art Versuch. Wenn ich dieses mache, passiert jenes. Immer erfahren Kinder, dass es Gesetzmäßigkeiten gibt, nach denen die Vorgänge auf dem Tablett ablaufen.

Tablettideen:

Das Durchsteck-Rohr-Tablett

Unser Durchsteck-Tablett enthält in einem Fach mehrere Rohre, im anderen Dinge, die durch diese hindurchgesteckt werden können, zum Beispiel runde, gut rutschende Dinge wie Murmeln und andererseits Dinge, die mit deutlich größerem Widerstand durch das Rohr hindurchrattern. Weil die Rohre ebenfalls mehr oder weniger glatt sind, ergeben sich schon dadurch verschiedene Arten, wie der Gegenstand durch das Rohr rutscht.
Für ältere Kinder könnte man längere, flexible Rohre anbieten, durch die man Dinge eine lange Strecke hindurchrutschen lassen kann. Hinweis: Schadstofffreie Rohre und Schläuche gibt es in Brauerei- oder Molkereibedarf und in Apotheken zu kaufen.

Das Fädel-Tablett

Auf einem zweiteiligen Tablett liegen in einem schmalen Fach Steckringe aus Holz, vielleicht auch besonders schöne Gardinenringe oder Holzperlen in unterschiedlichen Größen und Farben. Im großen Fach liegt eine feste Kordel, die bereits am ersten Ring angeknotet ist. Nun ist das Kind eingeladen, alle Ringe auf die Schnur zu fädeln!

Umschütt-Tabletts

Die Freude der Kinder, Flüssigkeiten zu gießen, kann in diesem Tablett aufgegriffen werden: Ein in der Mitte geteiltes Tablett enthält in einem Fach ein kleines, am besten durchsichtiges Kännchen, gefüllt mit Maisgries. Daneben liegen drei unterschiedlichgroße Trichter bereit. Im anderen Fach liegen zwei Behältnisse, zum Beispiel eine verschraubbare Plastikflasche mit breiter Öffnung sowie ein Glas für die Umschütt-Experimente der Kinder. Verwandt mit dem Umschütten ist das Löffeln von Materialien mit Schöpfkellen. Ein Tablett könnte dafür in einem Fach in einer großen Schüssel Linsen, Erbsen oder Bohnen enthalten, im anderen Fach liegen eine Schöpfkelle und ein Gefäß mit kleinerem Durchmesser bereit.

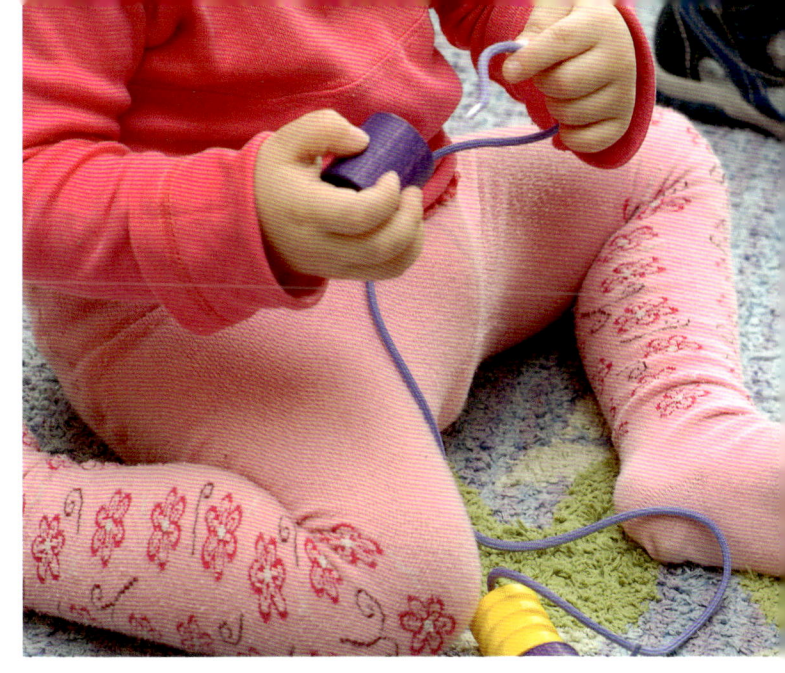

Die Aktionsbox
Spielplatz kompakt

Es regnet in Strömen, aber Phil und Lukas spielen trotzdem mit ihren Autos im Sand und bauen mit Stöcken Zäune hinein: Sie spielen zu zweit an einer großen Plastikbox, gefüllt mit Sand, Autos und Stöcken.

Größer und tiefer sind die „großen Brüder" des Tabletts, die Aktionsboxen. In Plastikboxen, die so groß sind, dass entweder eines, gern aber auch mehrere Kinder um sie Platz nehmen können, können sich spannend anfühlende Massen wie Sand, aber auch ganz viele Bohnen oder Kieselsteine dargeboten werden. Wie auf einem kleinen Stück Spielplatz legen wir zur Box bestimmtes Spielmaterial bereit, sodass es eine Box mit Sand, Schaufeln und Gefäßen gibt, eine weitere mit Sand und Autos und anderen „Gefährten". Die Aktionsboxen sind nicht nur wetterunabhängige Spielplätze, sondern haben mit den Tabletts gemeinsam, dass sie jeweils zu einem bestimmten Spiel einladen, weil ihre Ausstattung darauf reduziert ist. Es tut vielen Kindern gut, sich bei der Fahrzeug- und Sand-Box gezielt darauf konzentrieren zu können, Spuren mit Autos im Sand zu machen und Straßen zu bauen. Aktionsboxen sollten wir in größerer und kleiner Form anbieten: Kleinere Boxen für ein oder zwei Kinder, größere Plastikwannen für zwei bis vier Kinder. Die Boxen sollten nicht zu voll sein, damit man sie gut in offenen Regalen aufbewahren und dort herausholen kann.

Aktionsbox-Ideen:

Grabe-Box: Eine Box mit Sand, dazu Schaufeln und Schöpfkellen verschiedener Größe sowie Töpfe, Schüsselchen, große Kannen: Fertig ist eine Box, mit der Kinder gerne das Umschütten von Sand untersuchen.

Spuren- und Straßen-Box: In dieser Box liegen Dinge im Sand bereit, die Spuren hinterlassen: Holzautos, kleine Rechen zum Bau von Straßen, Dinge, die tolle Abdrücke ergeben wie etwa große Kiefernzapfen.

Steck-Box: In dieser Sandbox liegen Stöcke, Stäbe und weitere Dinge bereit, die man gut aufrecht in den Sand stecken kann. Tücher können dabei liegen, um zeltartige Behausungen entstehen zu lassen, ungenormte Materialien wie Baumzapfen, Kastanien und kleine Steine können Kindern dazu dienen, belebte Welten in der Box zu erschaffen.

Glitzerflaschen
Wasserspaß hinter Plexiglas

Ewig läuft der Wasserhahn, und ewig schwimmt der Bereich mit den Zahnputzbechern, weil diese immer wieder zum Umschütten verwendet werden: Wasserexperimente können Krippenkinder gar nicht genug machen, und besonders interessiert sie daran, wie die Flüssigkeit immer wieder hinabstrebt.

Praktisch ist es deswegen, wenn wir den Kindern mit den Glitzerflaschen ein Wasserspielgerät geben, das eigentlich immer trocken bleibt. Nachdem die Flaschen mit vielen verschiedenen Inhalten gefüllt sind und wir sie dem Kind bereitstellen, fängt es an, die Flaschen zu drehen, zu rollen oder umzuwerfen. Es ertönen Geräusche, und die vorher geordnete Innenwelt stürzt zusammen, kommt ins Rutschen oder beginnt zu schwimmen. Glitzerflaschen kann man einfach bereitstellen oder auch mithilfe einer um den Flaschenhals gewundenen, natürlich niemals abzulösenden Schnur anhängen, in einer Höhe, zu der die Kinder gut hinaufgelangen können. Es darf aber keine Gefahr bestehen, dass sie sich im Seil verhaken können.

Das können Kinder mit Glitzerflaschen erfahren

Die Schwerkraft untersuchen: Immer schwappt das Wasser (oder eine andere fließende Substanz) in der Flasche hin und her.

Ein optisches Phänomen untersuchen: Gegenstände, die in Wasser schwimmen, sehen merkwürdig verzerrt aus. Vor eine Lichtquelle gehalten wird die Sache noch faszinierender.

Glitzerflaschen-Ideen:

Eine kurze, für Kleinkinder handliche PET-Flasche wird gut gereinigt. Nach dem Befüllen mit spannenden Inhaltsstoffen muss die Flasche für immer dicht verschlossen werden: Dieses gelingt, indem wir erst das Schraubgewinde mit einem guten Kleber einstreichen und dann den Schraubdeckel auf das klebrige Gewinde aufschrauben.

Was kann man in die Flasche füllen? Spannend ist immer ein Mix aus zwei, drei Stoffen: Zum Beispiel gefärbtes Wasser, Sand und Muscheln. Oder Wasser, große und kleine Perlen. Oder, ganz ohne Wasser: Große Murmeln und kleine Perlen.

Hier rein und da raus: Das Zweiflaschenrohr

Auch mit dem Zweiflaschenrohr haben Erzieherinnen ein Spielgerät erfunden, mit dem die Kinder endlos dem Fluss des Wassers auf die Spur gehen können, ohne dass es irgendwo nass wird. Befüllt mit kleinen Perlen, Glitzersternchen oder Kieselsteinen, macht es Kindern Freude, an einer größeren Auswahl solcher gefüllten Flaschensysteme den Fall der Dinge untersuchen zu können.

Das können Kinder beim Zweiflaschenrohr erfahren

Fallgeschwindigkeiten: Kleine Kugeln rollen langsam, Wasser rauscht schnell hinab, große Steine poltern. Manchmal geht die Sache furchtbar langsam, manchmal spürt man den Rausch der Geschwindigkeit.

Etwas über das Gleichgewicht: Flach auf dem Boden liegend – oder ganz gerade gehalten – schon ist in beiden Flaschen gleichviel Wasser.

Zweiflaschenrohr-Ideen:

Zwei Plastikflaschen werden mithilfe eines Spiralrohrs verbunden. Die gibt es im Baumarkt, in der Gartenabteilung, als Teichschlauch, und eine ganz bestimmte Dicke passt perfekt zum Gewinde der Plastikflaschen. Sicherheitshalber kann man die Verbindung mit Klebeband nachdichten. Vorher wird noch das Material eingegossen, das von einer zur anderen Flasche schwappen oder fließen soll: Wasser, am besten mit ein wenig Badewasserfarbe färben, diese eignet sich prima dafür. Oder Wasser und eine kleine, schwimmende Kugel, kleine Perlen oder Kiesel.

Das Hundenapfmatschen
Zwei Gefäße für viele Wasserspiele

Jan tankt: Er hält einen gut ausgedrückten Schwamm in eines der beiden Becken, bis dieser sich wie durch Zauberhand vollgesogen hat, um ihn dann groß und schwer im Nachbar-Napf wieder auszudrücken.

Eine ganz einfache, aber praktische Idee ist die kleine Putzstation, die wir aus einem Hundenapf mit zwei Gefäßen – gibt's im Zooladen – herstellen: Hier kommt einfach auf die eine Seite ein Schwämmchen und auf die andere Wasser. Putzen spielen kann man mit dieser kleinen Spielstation auch, klar. Dazu kann man den Napf irgendwo hinstellen, den Schwamm auftanken, einen Gegenstand saubermachen und den Schwamm wieder auspressen. Aber vor allem kann man damit all das probieren, was zum Putzen eigentlich nicht dazugehört: Mit dem Schwamm Wasser aufsaugen und durch Auspressen in den anderen Napf bringen. Und natürlich darf das eine oder andere wasserfeste Spielzeug auch gerne einmal baden gehen.

Hundenapf-Ideen:

In einen Doppel-Hundenapf könnten Platz nehmen:

- Schwämme aller Art
- Saugende Wischtücher
- Papierschnipsel
- Dinge, die man normalerweise wäscht

Entdecken,
was hier
möglich ist:
Räume für
Erfahrungen

In diesem Kapitel wandern wir durch die Räume einer Krippe: Wo können sich gute Orte finden, wo Krippenkinder von sich aus aktiv werden? Was sollte der Garten einer Krippe bieten, um dem Bedürfnis der Kinder nach Entdeckung gerecht zu werden?

„Seit Klein-Moritz krabbelt, sind unsere Sachen und unsere Ordnung ständig in Gefahr!" So etwas haben junge Eltern oft zu berichten: Mobil werdende Kleinkinder interessieren sich für unendlich viel, bloß nicht für die von den Eltern geschaffene Ordnung im Raum. Der Neue und unsere Sachen: Wenn man die Stoßseufzer derart verknappt, kann man schnell zur Wurzel des Übels gelangen: Viele Eltern übersehen intuitiv – und unsere Gesellschaft, die Kinder gerne ins rosa oder hellblaue Kinderzimmer abschiebt, gibt es vor – dass Familienleben bedeutet, von nun an Räume und Dinge irgendwie zu teilen. Es ist erstaunlich, wie selbstverständlich wir

davon ausgehen, dass das Wohnzimmer und das Schlafzimmer „unser" Bereich ist, Küche und Bad auch, nur das Kinderzimmer nicht, wie wohl auch dieses meist dem elterlichen Gestaltungswillen unterliegt. Ja, typisch wieder diese Eltern. Aber wie sieht es in der Krippe aus, in den Räumen, die doch offensichtlich für die Kinder da sind? Klar, dass auch diese Räume nicht von den Kleinen gestaltet wurden, das ginge ja auch kaum. Aber heißt „für die Kinder gestaltet", dass wir bei der Gestaltung mit ihren Augen durch die Räume gegangen sind – oder ging es eher darum, unsere erwachsenen Vorstellungen von einer kleinkindgerechten Umgebung umzusetzen? Man findet das erstaunlich schnell heraus, wenn man sich auf die Augenhöhe des Kleinkindes begibt, auch wenn das vielleicht in Knie und Rücken schmerzt. Wenn man dann umhergeht und versucht wahrzunehmen, was es dort zu erleben und erfahren gibt, entdeckt man vieles, was einem vorher nicht aufgefallen ist. Sind die hoch angebrachten Bilder für mich sichtbar – und wären sie für mich als Kleinkind interessant? Weil die besten Bilder lebendig sind: Gibt es interessante Durchblicke? Und was ist mit den anderen Sinnen, die genauso wie die Augen voller Entdeckerfreude sind: Gibt es etwas für mich zu befühlen? Kann ich irgendwo durchkrabbeln, werden meine Finger zu feinmotorischen Handlungen herausgefordert? Finde ich Orte vor, in denen ich mich zurückziehen und von der lauten Welt absondern kann? Und weil man beim „Befühlen" allzu sehr an das, was man mit den Fingern tut, denken mag: Gibt es Ecken und Flächen, wo es irgendwie schön ist zu liegen, zu sitzen, die Haut auf dem dort angebrachten Material zu spüren?

Der heuristische Raum
Kinder bei der Arbeit

Die achtzehn Monate alte Rosanna sitzt mit vier weiteren Kindern auf dem Boden. Sie ist dabei, sprechen zu lernen, aber heute wird sie eine Welt voller Erfahrungsmöglichkeiten erobern. Neben ihr stehen Dosen in unterschiedlichen Formen und daneben liegen verschiedene Gegenstände, die man in diese hineinlegen, stopfen oder fallen lassen kann, um sie wieder herauszuziehen. Rosanna scheint ganz offensichtlich die Frage zu untersuchen, in welche Dose sie als nächstes welches Ding tun soll: Die Kette in die Blechdose? In jede der kleinen Plastikbecher je eine Muschel?

Ein besonderer Ort für das „heuristische Spiel" ist der von Elinor Goldschmied entwickelte „heuristische Raum"[5], den manche Krippen inzwischen fest in ihrem Haus eingerichtet haben. Das Konzept ist ganz einfach: In einem ansonsten weitgehend leeren und damit ablenkungsfreien Raum wird einer kleinen Gruppe Kinder eine Auswahl Materialien hingelegt, die besonders gut dazu geeignet sind, sie zu entdecken, weil sie automatisch zu bestimmten Untersuchungen herausfordern. Jedes Kind bekommt eigenes Material zur Verfügung gestellt, und von allen Dingen bekommt es eine größere Anzahl hingelegt. Bevor die Kinder den Raum betreten, bereitet die Erzieherin den Raum vor, indem sie „Arbeitsplätze" in Form von Materialhaufen für nicht mehr als fünf Kinder gestaltet. Diese Materialien lagern, wenn sie nicht benutzt werden, sortiert in

---

5   Goldschmied, Elinor. Heuristic play with objects [film]. National Children's Bureau 1992.

Stoffbeuteln. Auf jeden der fünf Plätze legt die Erzieherin nun Alltagsdinge: eine große Metalldose, kleinere Behälter, Spulen und Röhren, Plastikringe und Ketten, manchmal aus Plastik, manchmal aus Metall. Elinor Goldschmied empfiehlt, jedem Kind nicht weniger als 50 Dinge zur Verfügung zu stellen, wobei viele dieser Dinge natürlich gleicher Art sind, zum Beispiel mehrere Gardinenringe. Mit all diesen Dingen werden die Kinder gleich frei spielen – kaum auszurechnen, wie viele Kombinationen untereinander diese 50 Dinge ermöglichen! Nachdem die Kinder in den Raum geführt wurden, setzt sich die Erzieherin und beobachtet die Kinder in ihrem Tun, macht vielleicht Notizen, greift aber nicht ein. Während des heuristischen Spiels untersuchen die Kinder fast immer ganz intuitiv, ohne Aufforderung oder Vormachen die Materialien, führen sämtliche elementaren Experimente aus und versuchen dabei herauszufinden, welche Funktionen die Dinge haben. Sie setzen dabei den ganzen Körper ein, deshalb ist es sinnvoll, die Kinder barfuß in den Raum zu führen. Ist das Spiel später beendet – weil eine andere Tagesphase beginnt oder, was erstaunlich spät passiert, das Interesse der Kinder für heute nachlässt –, bittet die Erzieherin die Kinder, die Materialien mit ihr zusammen zurück in die Beutel zu legen. Sie hält zum Beispiel den Beutel mit den Schläuchen auf, und alle Kinder bringen die im Raum herumliegenden Schläuche. So geht es weiter mit den Ketten, Dosen, etc. bis der Boden wieder frei ist und alle Dinge in ihrem jeweiligen Stoffbeutel versteckt sind – bis zum nächsten Mal.

10 Grundregeln für das heuristische Spiel

1. Ein leerer Raum hilft, sich auf das Spiel zu konzentrieren: Im Raum befindet sich nichts außer dem „heuristischen" Material.

2. Auf dem Boden liegt ein Teppich: Dies trägt zu einer ruhigen Atmosphäre bei und ist für die Kinder ein angenehmer Platz zu sitzen.

3. Ein komfortabler Erwachsenenstuhl wirkt Wunder: Er bringt Pädagoginnen dazu, das Geschehen entspannt zu beobachten, statt eingreifen zu wollen.

4. Nutzen wir den ganzen Raum: Je mehr Platz wir haben, desto eher können wir vermeiden, dass die Kinder eng beieinander hocken müssen und sich behindern oder ablenken.

5. Bevor es losgeht, verteilt die Erzieherin die Materialien. Keiner muss teilen: Um Konflikte zu vermeiden, befindet sich an jedem Platz die gleiche Auswahl an Objekten, ungefähr 50 Dinge pro Kind.

6. Der ganze Körper wird benötigt. Deshalb tragen die Kinder bequeme Kleidung und ziehen vor dem Betreten des Raumes Schuhe und Strümpfe aus.

7. Nicht mehr als fünf Kinder: Zu große Gruppen lenken die Kinder ab und verhindern, dass wir jedes Kind beobachten können.

8. In der Ruhe liegt Kraft: Wenn die Kinder den Raum betreten, sitzt die Erzieherin ruhig da. Es gibt keinen Anlass, die Kinder zu dirigieren oder aufzufordern, bestimmte Materialien zu wählen – sie tun es von selbst.

9. Schaffe zwischendrin Ordnung: Wenn nötig, sollte der Erwachsene das Material unauffällig neu ordnen, sodass die Materialien wieder zum erneuten Spiel einladen.

10. Jede Sorte Material wird in einer eigenen Tasche aufbewahrt, sodass mindestens je 20 gleiche Dinge in einer Tasche sind. Das erleichtert nicht nur das Auslegen, sondern erlaubt die Beteiligung der Kinder beim Aufräumen, dies dient dann gleichzeitig als gute Sortierübung.

Materialvorschläge für das heuristische Spiel

Folgende Sinne wollen wir bei den Kindern ansprechen – und bieten ihnen dafür:

Für den Tastsinn: Dinge mit glatter und rauer Oberfläche, von unterschiedlichem Gewicht oder mit klarer, einfacher und mit amorpher Form

Für den Geruchssinn: Dinge aus unterschiedlichsten, ganz verschieden schmeckenden und riechenden Materialien

Für den Gehörsinn: Dinge, die klingeln, bimmeln, aber auch solche, die poltern, krachen, scheppern

Für den Sehsinn: Dinge unterschiedlicher Farbe, Form, Helligkeit

Folgende Dinge eignen sich:

Natürliche Objekte: Tannenzapfen, große Federn, Naturschwamm, große Kieselsteine, Bimssteine, getrockneter Kürbis, Korken, große Kastanien, Zitronen, Äpfel, Walnüsse, Objekte aus Wollballen

Objekte aus Holz: Kleine Boxen, Holzzylinder, verschiedene Rasseln, Serviettenringe, Wäscheklammern, kleine Holzschüsseln, Würfel, kurze Hölzer, kleine Trommeln, Gardinenringe, Kastagnetten, Spulen, Holzlöffel, Pfannenwender, Bambusflöte, Perlen auf einer Kette, Garnspulen

Bürsten: Kleine Schuhbürste, Malerbürsten, Zahnbürsten, Holznagelbürste, Rasierpinsel

Objekte aus Metall: Löffel (verschiedene Größen), kleiner Schneebesen, Schlüsselbund, kleine Dosen, Glockenbund, Dosendeckel, Metallbecher, lange Ketten aus dem Baumarkt, Zitronenpresse, kl. Trichter, Schmuckkette, Messingringe, Teesieb, Tee-Ei, geschlossene Dosen gefüllt mit Reis, Bohnen etc., Knoblauchpresse, Trillerpfeife, Flaschenbürste, Metallspiegel, große Metalldosen

Objekte aus verschiedenen Materialien: Fellball, kleiner Teddy, Gummirohr, Ledergeldbeutel, kleine Stoffpuppe, kleine Ledertasche mit Reißverschluss, Fensterwischtuch, Tennisball, Golfball, Flummi, farbige Marmor-Eier, Baumwollband, Haushaltsschwämme, Schlauchstücke aus dem Gastronomiebedarf mit unterschiedlichem Durchmesser, Alufolie

Objekte aus Papier, Pappe: kleiner Notizblock, kleine Pappboxen, fettdichtes Papier, Toilettenpapierrollen, Küchentuchrollen

Ein Wort zum Unfallschutz:

Die Alltagsmaterialien, die im heuristischen Raum zum Einsatz kommen, sind natürlich nicht speziell für Kinder angefertigt. Es handelt sich um Alltagsdinge, welche die sonst für den Einsatz in Krippen notwendigen Prüfverfahren nicht durchlaufen haben. Deshalb können die Materialien auch nur bei kleinen Kindergruppen und unter intensiver Aufsicht der Erzieherin eingesetzt werden. Und es empfiehlt sich immer, in Zweifelsfällen die Fachberatung oder den TÜV zu befragen, ob ein Material zulässig und unbedenklich ist!

Das Ausräumen
Der Schrank als dritter Erzieher

Luis kann krabbeln. Seine Eltern staunen, mit welcher Geschwindigkeit der Kleine plötzlich unterwegs ist. Lag er doch noch vor ein paar Tagen scheinbar hilflos auf seiner Babydecke. Sofort bemühen sich die Eltern den eben gewonnenen Freiraum von Luis einzuengen. Die Türen werden stets geschlossen, das neu angebrachte Treppengitter erfüllt seinen Sinn und Stühle werden vor Schranktüren und Schubladen geschoben.

Trotzdem dringt eines Tages fröhliches Geklapper aus der Küche. Luis' Mutter schlägt die Hände über dem Kopf zusammen. Der Küchenboden ist mit Tupperdosen, Kellen und Rührlöffeln übersät. Von Luis ist nur noch der Windelpopo zu sehen. Auf der Suche nach noch mehr interessanten Dingen hat Luis sich tief in den Schrank hineingearbeitet. Nun rutscht er freudestrahlend mit vor Anstrengung geröteten Bäckchen aus dem Schrank heraus. In der Hand hält er einen Topfdeckel, den er voll Wonne auf den Küchenboden scheppern lässt.

Dass Kinder unter drei Jahren so gerne Schränke ausräumen, hat schon manches junge Elternpaar, gewiss auch Erzieherinnen in der Krippe, an den Rand des Wahnsinns getrieben. Da prallen auf den ersten Blick die Bedürfnisse von Alt und Jung aufeinander: Die einen wollen übersichtliche Räume, Ordnung im Schrank und verzweifeln, wenn die Arbeit des Aufräumens nicht zu Ende geht. Die anderen lieben ihre Arbeit des Ausräumens. Übersicht und Ordnung streben sie auch an, aber auf ihre Weise:

Sie wollen die Welt hinter der Schranktür kennenlernen und systematisieren können. Elinor Goldschmied riet Eltern und Pädagogen, diese wichtige „Arbeit" der Kinder ernst zu nehmen und zu unterstützen. Statt längst unüblich gewordene Schrankschlüssel hervorzukramen, bewahren kluge Eltern in dieser Zeit der Entdeckungen im zugänglichen Teil eines Schranks vor allem Dinge auf, die gut heraus- und wieder hineinzuräumen sind: Töpfe und Plastikdinge vielleicht. So wird für einige Lebensmonate des Kindes vielleicht der Küchenschrank zum Zentrum seines heuristischen Tuns. Die Kinder benutzen in diesem Alter bis etwa zur Mitte oder zum Ende des zweiten Lebensjahres die Dinge auf vielfältige unspezifische Weise. Auch in der Krippe sollten wir das Bedürfnis der Kinder berücksichtigen. In die unteren Fächer und hinter die unteren Schranktüren gehören Dinge, die die Kinder unbesorgt herausholen können – und vielleicht auch wieder mit uns hineintun werden, wenn wir dieses gemeinsam mit ihnen machen. Klar, es nervt, immer wieder aufräumen zu müssen! Aber es lohnt sich, die Kinder gewähren zu lassen: Durch die vorgefundene Ordnung im Schubfach, durch das gemeinsame Einräumen vermitteln wir ihnen ganz automatisch, das Ordnung eine gute Sache ist. Es tut gut, sich das Ausräumen der Kinder als ein für sie lehrreiches Spiel vorzustellen, bei dem es eben dazu gehört, dass man am Ende alles gemeinsam wieder einräumen muss!

Das können wir anbieten:

Schränke zum Ausräumen für die Kleinen: Gut, wenn in den dort herausgeräumten Dosen kleinere Behältnisse stecken, sodass man sich wie bei einer Matroschka-Figur immer weiter ins Innere hineinräumen kann!

Ordnungs-Spiele anbieten: Warum nicht ab und zu die Dinge in diesen „offenen Schränken" nach neuen Gesichtspunkten ordnen – rechts die roten, links die blauen oder rechts die kleinen, links die großen Dinge?

Klanguntersuchungen überall im Raum
Ist da Rappel drin?

Leon macht Heizungsmusik, immer wieder: Dazu fährt er mit einem Holzauto über die Schlitze der Heizkörperabdeckung hinweg, und weil er das ziemlich schnell macht, ergibt sich ein tolles Geräusch: Brrremmm!

„Schläft ein Lied in allen Dingen…", hat Eichendorff einst gedichtet. Nein, für unsere Ohren ist es kein schönes Lied, das scheppernde Topfdeckel oder die Heizung erzeugen, wenn der Bauklotz immer wieder dagegen geworfen wird. Aber für kleine Kinder ist es neben vielen anderen Untersuchungen auch eine wichtige Frage, wie die Dinge klingen – im Zusammentreffen mit anderen Dingen, als Ergebnis vielerlei Handlungen. Auch diese Untersuchungen geben dem Kind wertvolle Informationen über die Beschaffenheit der Welt: Unterschiedliche Materialien erkennt man auch an unterschiedlichem Klang. Weiche Dinge klingen anders als harte, glatte Sachen. Für uns Erwachsene mag es logisch scheinen, alle diese Geräusche entweder als erwünschte, schöne Klänge der Musik oder eben als Lärm zu kategorisieren. Für Kleinkinder liegt beides eng beieinander: Die Gitarre ist ebenso ein Ding, mit dem man ein interessantes Geräusch erzeugen kann, wie der mit dem Baustein angeschlagene Heizkörper.Es lohnt sich also, gemeinsam mit den Kindern immer wieder in den Krippenräumen auf Geräuschsuche zugehen!

Das können Kinder beim Geräusche-Machen erfahren

Gemeinsamkeiten zwischen Materialien und ihrem speziellen Klang: Holz kann tiefe Töne ergeben, wenn man es anschlägt, Metall meistens hellere, Plastik scheppert eher.

Verschiedene Wege entdecken, um Dingen Geräusche zu entlocken: Man kann über Dinge mit bestimmten Materialien hinüberstreichen, sie anschlagen, manche Dinge machen beim Zerknüllen ein Geräusch, andere quietschen, wenn man darüber fährt.

Das können wir anbieten:

Hör-Spiele: Augen zu und zuhören, welches Materialgeräusch die Erzieherin oder ein Kind macht, um zu raten, welcher Gegenstand das war.

Geräusch-Musik: Zum Takt eines gesungenen oder eingespielten Liedes wird nicht auf Musikinstrumenten, sondern auf Dingen im Raum getrommelt oder sonst wie Musik erzeugt.

Geräusch-Objekte herstellen: Büchsen mit einer Murmel darin, Schachteln mit einem über die Öffnung gespannten Gummi. Warum immer nur mit konventionellen Musikinstrumenten musizieren?

Flächen zum Wälzen
Und die Welt steht Kopf

Man könnte sagen, dass Linus in seinen Pausen in der Kita fernsieht, und die Sendung heißt: Alles dreht sich. Linus legt sich nämlich gerne auf große Matten, wälzt sich dann seitlich hin und her und beobachtet voller Vergnügen, wie sich die sichtbare Welt auf den Kopf zu drehen scheint und wieder zurückdreht.

Wenn man den Dreh raus hat, verändert sich die Welt: Das trifft wortwörtlich für Kleinkinder zu, die sich mit ihrer ersten gekonnten Drehbewegung in eine andere Lage bringen. Sie legen ein kurzes Stück Weg seitwärts zurück und wechseln in jedem Fall die Blickrichtung. Wie bei allem, was er einmal gelernt hat, möchte der kleine Mensch diese Bewegungsform noch eine Weile länger ausprobieren und anwenden. Lange nachdem Krippenkinder sicher auf zwei Beinen umherlaufen, lieben sie es noch, liegend die Richtung zu verändern. Nicht nur nachts im Bett, wie Eltern und andere zeitweilige Schlaf-Nachbarn sicherlich leidvoll zu berichten wissen, sondern auch in ruhigen Tagesphasen.

Das können Kinder beim Wälzen und Drehen erfahren

Perspektivwechsel erfahren: Auf den Kopf gedreht sieht die Welt anders aus – und doch vertraut.

Schwung erfahren: Die Energie, die man zum Umdrehen aufwendet, kommt als Schwung zurück.

Das können wir anbieten:

Große Matten: die einen ganzen Raumbereich ausfüllen können.

Mattenstapel: die zu Stapeln zusammengelegt sind, damit man von einer gewissen Höhe hinabblicken kann.

Mattenhügel: mit einer leichten Schräge, indem wir eine große Matte über einen sanft ansteigenden Mattenstapel legen. Langsam kann man nun von diesem Stapel hinabrollen: Ein großes Vergnügen!

Ecken zum Stecken
Rein und weg

Es lohnt sich bei uns immer wieder hinter die Heizkörperverkleidung zu schauen: Papiere, Spielteller und andere flache Gegenstände sammeln sich dort in regelmäßigen Abständen, ohne dass logisch erscheint, dass sie von selbst dort hineingerutscht sein könnten. Und plötzlich lässt sich eines Tages das Fenster nicht mehr schließen, denn in der kleinen Öffnung, in die sonst immer der Fensterriegel einrastet, klemmt plötzlich eine genau passende Murmel. Wer tut das – und warum?

Rätselhaft mag Außenstehenden besonders dieses Verhalten von Kleinkindern vorkommen: Voller Freude und Beharrlichkeit stecken sie passende Dinge in Ritzen und durch Öffnungen hindurch. Klar, denn im Sinne der geschilderten elementaren Experimente gibt es je nach Loch und hineingesteckten Gegenstand eine Menge verschiedener Effekte zu erzielen: Manche Dinge „verschwinden" beim Durchstecken, weil sie dahinter irgendwohin fallen. Andere gehen eine Verbindung ein, weil sie genau in die Ritze oder das Loch passen. Die kleine Murmel sieht in ihrem passenden Loch irgendwie geborgen aus, weil sie quasi vom Loch umhüllt ist wie ein Kind in einem Versteck.

Das können wir anbieten:

Steckkisten: Wer vermeiden möchte, wöchentlich Heizkörper zu öffnen, um vermisste Gegenstände herauszusuchen, aber zu Recht die klassische Steck-Box zu langweilig findet, kann aus Pappkartons große Steck-Kisten bauen, mit winzig kleinen Löchern und großen Schlitzen. Wie wäre es mit einer regelmäßigen gemeinsamen Leerung dieses Kastens?

Briefkasten: Ältere Kinder können Freude an einem Krippen-Briefkasten haben.

Auf die Suche gehen: Spaß und Spannung erzeugt es, wenn wir auch außerhalb der Osterzeit kleine Dinge im Raum verstecken, um sie gemeinsam zu suchen: Wie wäre es mit „Murmelverstecken", „Püppchenverstecken" oder „Alles verstecken, was rot / rund / etc. ist"?

Einsteckdosen: Selbstgebastelte Einsteckdosen sind vor allem für ganz kleine Kinder eine gute Versteckmöglichkeit. Man braucht nur eine leere Kaffeedose, schneidet ein Loch, einen Schlitz oder ein Kreuz in den Deckel und schon lassen sich Korken, Ringe, Wattebällchen, Steine, Murmeln, Kastanien und viele andere Dinge darin verstecken.

Das können Kinder beim Verstecken von Dingen erfahren

Während die Kinder der Frage nachgehen, welche Dinge in welche Öffnung hineinpassen, machen sie Erfahrungen über Größenunterschiede und Größengleichheiten. Sie erkennen, dass für das Hineinstecken auch die Form von Loch und Gegenstand entscheidend sein kann. Sie lernen, dass sich flexible Materialien stopfen, knüllen, hineinbiegen lassen. Und sie erkennen, was es heißt, dass Dinge nicht mehr zu sehen sind, obwohl sie in der Nähe sind. Ist etwas, was aus meinem Gesichtsfeld verschwindet noch da? Es braucht einige Zeit und viele versteckte Sachen, bis diese Frage beantwortet werden kann.

Durchgreif-Ecken
Und wie kriegt man das wieder raus?

Julia schnauft und ächzt, denn ihre Arbeit ist schwer, erfordert Kraft und Feinarbeit. Ihr Ziel ist ein bunter Stoffball, ihr kranartiges Werkzeug der Arm, den sie durch das Gitter eines Kinderbettchens gesteckt hat, hinter dem neben Kissen auch Bälle liegen. Wenn sie es geschafft hat, den Ball durch das Gitter zu holen, wird sie so etwas Ähnliches wie „noch mal!" ausrufen.

Das ist auch eine Tätigkeit, die uns zunächst wunderlich vorkommt: Kleine Kinder interessiert nicht nur der Durchblick durch eine Öffnung, sondern auch das Durchgreifen, um etwas von dort hervorzuholen. Nicht nur mit Katzen, die für ihr erstes Mauseloch üben mögen, teilen kleine Kinder dieses Interesse. Auch in Geduldsspielen für größere Menschen kommt die Aufgabe, einen Gegenstand heil aus einer Art Labyrinth hervorzuholen, in unterschiedlicher Form vor. Man denke nur an die Automaten mit Greifarmen auf der Kirmes, bei der ein komplizierter Greif-Mechanismus zu betätigen ist, um den Hauptgewinn zu erfassen.

Das können Kinder bei Durchgreif-Ecken erfahren

Um Dinge durch eine Öffnung zu sich zu holen, muss man sie in verschiedene Richtungen bewegen: Erst nach vorne, dann vielleicht nach oben, dann durch das Loch.

Viele Dinge müssen gequetscht oder richtig ausgerichtet werden, um durch das Loch zu passen.

Anders als für Kleinkinder üblich, muss beim Durchgreifen der Arm „alleine" in den Raum hinter der Öffnung gehen, fern vom sonstigen Körper. Je nach Durchsichtigkeit der trennenden Wand kann das ziemlich anspruchsvoll sein!

Das können wir anbieten:

Gitterwände: Zum Spiel mit Dingen hinter Gitterwänden wie beim Bettchen animieren und viele Dinge unterschiedlicher Konsistenz, Form und Größe (Bälle, Luftballons, Bücher...) dort verstecken und die Kinder einladen, sie zu holen.

Pappkartons mit Löchern versehen: einen zum Durchgreifen und Suchen, einen anderen vielleicht zum Hineinschauen, um dann Dinge dort drin zu verstecken.

Spiele durch die Wand spielen: füttern im Käfig spielen, zum Beispiel an einer Umzäunung, an einer selbstgebauten Behausung.

103

Möbel zum Verschieben
Jeden Tag neue Räume erleben

Lisa und Lena schieben ein Regal umher. Das ist nicht einfach für Zweijährige: Zu zweit lehnen sie sich sitzend an einer Seite an und stoßen sich mit den Füßen ab, bis das Möbel ruckartig nachgibt. Später, als das Regal mitten im Raum angekommen ist, quieken die beiden begeistert. Dahinter gibt es jetzt eine ganz gemütliche Nische, wo man ungestört spielen kann. „Eigentlich eine gute Idee!", denkt die Erzieherin noch, als das Möbelstück bereits wieder weitergeschoben wird.

Es ist spannend für kleine Kinder, schwere Lasten bewegen zu können. Wie bei nur wenigen anderen Aufgaben kann und muss man dabei seine ganze Kraft gezielt einsetzen. Darüber hinaus macht es wohl auch Lust, die Möbel zu verrücken, weil sich im vertrauten Spielraum plötzlich neue Raumbereiche, neue Perspektiven ergeben. Viele Erwachsene kennen das noch von sich: Veränderte Lebenssituationen gehen oft damit einher, dass man intuitiv umräumt oder dass man davon träumt, plötzlich eine größere Wohnung einräumen zu können. Es passt, dass kleine Kinder, deren Lebenswelt sich ständig erweitert, diesem auch durch ständiges Umräumen Rechnung tragen wollen. Mag sein, dass wir Erwachsenen dieses manchmal vergessen, weil wir gewohnt sind, Raumkonzepte nach pädagogischen Gesichtspunkten zu entwickeln. Dann hat zwar alles seinen richtigen Platz im Raum, kann aber auch kaum noch verändert werden. Zu einem kindgemäßen Raumkonzept gehört aber, dass sich der Raum verändern kann, dass also ein Teil der Möbel auf Wanderschaft gehen darf.

Das können Kinder beim Umräumen erfahren

Die eigene Kraft: Sie muss wohldosiert zum Schieben, Ziehen oder Heben von schweren Dingen eingesetzt werden.

Selbstwirksamkeit – und die Freuden der Mitgestaltung: Es macht stolz, seine eigene Umwelt verändert zu haben.

Vieles über Größen von Flächen, über Gewichte von Dingen: Beim Herumschieben erfahren Kinder, was wo hinpasst und was größer ist als man dachte. Sie erfahren, welche Dinge schwerer, welche leichter sind.

Gemeinschaft: Zu zweit oder dritt schiebt es sich besser, vor allem, wenn man mit „Hauruck" im Gleichschritt schiebt. Und das Thema Gemeinschaft kommt durch die veränderte Raumordnung automatisch auf den Tisch: Gefällt den anderen, wie der Raum jetzt aussieht oder werden die Spielflächen der anderen eingeschränkt?

Das können wir anbieten:

Transport: Taschen mit schweren Dingen füllen lassen und probieren, was man noch schleppen kann. Kinder bitten, schwere Gepäckstücke, zum Beispiel beim Ausflug, gemeinsam zu tragen, zu ziehen oder zu rollen, etwa durch Mitführen eines Rollwagens. Sich über Möbeltransporte, Güterzüge und Kräne unterhalten.

Einander tragen: Gemeinsam versuchen, dass mehrere Kinder ein anderes Kind hochheben.

Umräumen: Gemeinsam den Raum umräumen, die neue Ordnung ein paar Tage bestehen lassen, am Ende wieder zurückräumen.

Wände zum Kritzeln
Meine Spur an der Wand

Schon wieder hat sie einer voll gekritzelt, die Ecke hinter der Tür, mit feinen Buntstiftstrichen: Wer denkt da nicht zuerst daran, dass die letzte Renovierung noch nicht lang her ist? Rosa ist ein bisschen stolz, denn der große blaue Fleck neben der Tür, das war sie, als sie neulich mit dem Pinsel in der Hand über den Flur gelaufen ist.

Oft heimlich und unbeobachtet bringen kleine Kinder Spuren an den Wänden an, etwa wenn sie entdecken, dass die Tapete ähnlich gut bemalbar ist wie anderes Papier, aber bei weitem nicht so begrenzt. Es muss ausgesprochen reizvoll sein, mit einem Stift in der Hand stehend und gehend eine ganze Wand zu erobern, weite Schwünge und lange Striche zu machen, oder Figuren an die Tapete zu malen – wahrscheinlich erinnert sich jeder von uns daran, dieses daheim heimlich getan zu haben.

Statt Kindern dieses lustvolle Tun zu verbieten, sollten wir Wege finden, diesem Bedürfnis Raum zu geben. So ist das Einrichten einer bemalbaren Wand eine ganz einfache Sache. Dazu wird eine Wandfläche mit Makulaturpapier von der Rolle oder Packpapier verkleidet, auf welcher die Kinder nun zeichnen dürfen. Malmaterialien sollten bereitliegen. Wichtig ist, dass die Wandfläche den Reiz einer „illegalen" Malfläche bietet. Die Papierbahn sollte von der höchsten Greifhöhe der Kinder bis zur Fußleiste reichen. Es kommt ausgesprochen gut an, wenn die Papierbahn Ecken umfasst, also bekritzelbare Nischen

bietet. Natürlich braucht die Malwand eine klare Abgrenzung, etwa indem sie einfach seitlich an zwei Möbelstücken endet, damit die Kinder respektieren, dass die übrige Wand möglichst nicht bemalt wird.

Das können Kinder an der Kritzelwand erfahren

Spuren erzeugen: An langen Wänden kann man endlose Linie ziehen, die man wie eine Spur später verfolgen kann. Ein Stift geht auf die Reise.

Groß und klein zeichnen: Papierformate schränken kleine Kinder meist eher ein. Auf einer riesigen Kritzelwand kann man mit beiden Armen und viel Schwung großformatige Formen ziehen – oder eine ganz kleine Kritzelei irgendwo in der Ecke verstecken.

Sich sichtbar machen: Bilder landen meist in der Mappe oder zu Hause und sind dann in der Krippe quasi unsichtbar. Hingegen erinnern die Kritzeleien auf der Malwand noch eine ganze Weile daran, wer hier was gezeichnet hat, bis irgendwann die Wand neu gestrichen werden muss.

Vom Ich zum Wir gelangen: An der Wand malt man nebeneinander – und ganz allmählich dann auch immer mehr miteinander. Ganz zwanglos kann beim Nebeneinanderstehen ein erstes gemeinsames Bild entstehen.

Das können wir anbieten:

Zusammen kritzeln: Ab etwa 2 Jahren sind Kinder sehr daran interessiert, von uns einfache Zeichentricks zu erfahren – wie Punkt, Punkt, Komma, Strich, fertig ist das Mondgesicht.

Immer mal neue Stifte hinlegen: Wachsstifte, Buntstifte, Filzstifte muss man jeweils anders handhaben und jede neue Stiftsorte bringt neue Effekte hervor.

Auch das Papier könnten wir immer mal wechseln: heute buckelige Raufasertapete, morgen vielleicht glattes Papier, übermorgen buntes …

Toilettenpapier untersuchen
Auch eine Art Rollenspiel

Jaromir muss mal, schon wieder – oder treibt ihn etwas anderes an, schon zum dritten Mal in der Stunde auf die Toilette zu gehen? Dieser Raum ist für ihn nicht erst durch das allmähliche Sauberwerden ein interessanter Ort geworden: Hier, in relativer Abgeschiedenheit, kann er sich ungestört einem Spielgerät widmen, das fast immer an der Wand bereithängt: Toilettenpapier.

Es ist ein tägliches Ärgernis beim Gang auf die Toilette: Gerade einer der hygienerechtlich schwierigsten Räume der Krippe wird von Kindern gerne heimlich als Spielraum genutzt. Nicht nur das Toilettenbecken mit seiner dramatisch rauschenden Spülung und dem alles verschwinden lassenden Schlund hat es den Kindern angetan, sondern vor allem auch das Toilettenpapier. Handelt es sich bei dem an die Wand angehängten Papier doch irgendwie um eine Art Maschine: Wenn man unten zieht, dreht sich oben was. Abgesehen davon, dass das Benutzen des Papiers nach dem Toilettengang manchmal vergessen wird, ist Toilettenpapier – wie auch Taschentücher – ein beliebtes und vielfältiges Erfahrungsmaterial für Kinder.

> **Das können Kinder beim Rupfen mit Toilettenpapier erfahren**
>
> **Feinmotorik trainieren:** beim Rupfen und Reißen.
>
> **Den Fall untersuchen:** beim Laufenlassen einer Rolle auf der schiefen Ebene.

> **Wir können die Kinder einladen...**
>
> ... das Papier abzurollen und wieder so ordentlich wie möglich aufzurollen.
>
> ... eine Rolle auf einer schiefen Ebene schwungvoll ab- und damit ausrollen zu lassen, vielleicht auch mehrere Rollen gleichzeitig, als Wettrennen.
>
> ... eine Rolle auf dem Boden als ganz lange Strecke auszurollen, die man dann ablaufen oder abkrabbeln kann.
>
> ... Dinge mit Klopapier einzuwickeln und zu raten, was sich unter der weißen Umhüllung versteckt.
>
> ... sich selbst gegenseitig einzuwickeln, um das Umhülltsein zu spüren oder Arzt zu spielen.
>
> ... einzelne Blätter abzureißen, zu werfen und zu fangen oder mit kräftigen Backen wegzupusten.
>
> ... das Papier zu knüllen, um es ganz klein und damit fast unsichtbar zu machen und es später wieder auszubreiten.
>
> ... Papierstreifen in Dosen, Röhren und andere enge Gefäße zu stopfen, möglichst dicht, um es damit verschwinden zu lassen – und auszuprobieren, wie viel Papier sich in ein Gefäß stopfen lässt.
>
> ... die Papierstreifen nass zu machen, dabei zu erfahren, wie sich dessen Materialeigenschaften verändern, da es sich nun anschmiegt, zu Bällen kneten lässt und noch leichter zerreißt.

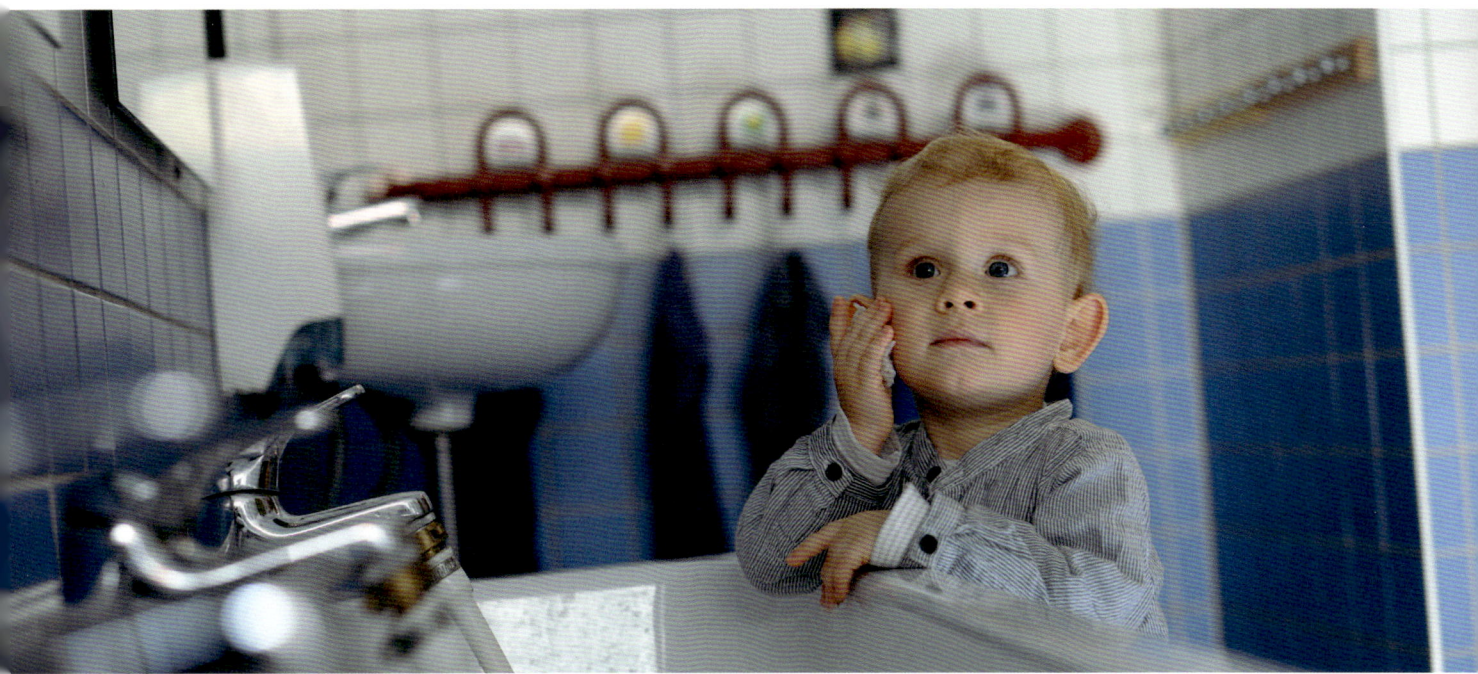

Aktive Zeit in Garten, Park und Wald
Im „Freien" sein heißt frei sein

„Wart ihr heute wieder nicht an der frischen Luft?" Diesen Vorwurf kennen Kinder in Kindergarten und Krippe genauso wie von daheim, nach dem zu Hause verbummelten Sonntag. „An der frischen Luft sein" steht in der Wahrnehmung von Eltern und Pädagogen oft weit oben. Warum aber ist es so wichtig? Wie bei vielen überlieferten Vorstellungen von guter Pädagogik fällt es manch einem nicht leicht, den Sinn davon zu begründen: Die Zeiten sind lange vorbei, in denen die Raumluft durch rußige Ofenheizung ungesund war, draußen dagegen eine herrlich frische und staubfreie Luft zum Genießen einlädt.

Vielleicht, könnte man ketzerisch vermuten, wird der Aufenthalt draußen mit dem Begriff „Luft schnappen" so gerne gleichgesetzt, weil die Luft oft die einzige Materie im Außenbereich ist, deren Genuss Kleinkindern unbegrenzt gestattet ist: Schließlich hat man sich ziemlich daran gewöhnt, den Gehweg als zu schmutzig, die Pfütze zu verdreckend, den Verkehr zu riskant, die Bepflanzungen zu giftverdächtig oder schutzwürdig und Geschäfte zu verlockend für kleine Kinder zu befinden.

Also bedeutet Rausgehen oft: Raus aus dem Haus, rein in den Wagen, raus aus dem Wagen und hinein in das umzäunte Spielplatz-Gelände. Wenn dieses auch noch relativ überschaubar ist – oder der Raum, der

den Kindern aus Sicherheitsgründen dort gewährt wird – dann zieht auch das Argument mit der größeren Bewegungsfreiheit „draußen" nicht mehr.

Der Film „Babys"[6] vom französischen Dokumentarfilmer Thomas Balmes, in dem vier Babys in unterschiedlichen Teilen der Erde – Japan, USA, Mongolei und in Afrika – vorgestellt wurden, hat das vor einiger Zeit anschaulich illustriert: Da langweilt sich das japanische Baby in seiner Spielzeugfülle, während das mongolische Baby ohne ein einziges explizit ausgewiesenes Spielzeug den ganzen Tag Erfahrungen sammelt: Draußen natürlich, bei Nomadenvölkern ist Drinnensein eine Ausnahme. Es ist faszinierend zu beobachten, wie viel es dort zu entdecken gibt – und wie arm die Sand- und Klettergerüst-Außenwelt unserer Kinder trotz farbenfroher Spielgeräte im Vergleich dazu erscheint.

Kleine Kinder brauchen ein Draußen, das sie auf die ihnen gemäße Weise erkunden und erfahren dürfen. Wieder mal geht es nicht darum herauszufinden, an welche Benutzungsweise der Erfinder irgendeines Kletter- oder Schaukelgerüstes gedacht hat. Kleine Kinder brauchen außerhalb Raum, in dem sie die Möglichkeiten des Draußen untersuchen und erfahren dürfen.

---

[6] Balmes, Thomas (Dir.). Babys [film]. Studiocanal 2009.

Das Klettern
Was wir schon konnten, bevor wir liefen

Florian hat kaum richtig Laufen gelernt, da scheint es ihm schon nur noch die zweitwichtigste Fortbewegungsart zu sein: Die zentrale Rolle nimmt offensichtlich das Klettern ein, mit dem er reflexartig immer dann beginnt, wenn Geländer, Stufen oder gar Leitern in Sichtweite sind. Was mag Florian dabei denken, wenn jeder dieser Versuche mit angstvollen Blicken und Rufen der Erwachsenen in seiner Umgebung verbunden ist?

Wenn das Kind das zweite Bein zehn Zentimeter vom Boden abgehoben hat, wird uns mulmig: Kaum eine andere Bewegungsart beobachten Erziehende mit solcher Angst wie das Klettern. Das ist ja auch logisch, denn mit jedem erfolgreichen Schritt nach oben entfernt sich das Kind vom sicheren Boden und nähert sich – zumindest in unseren Angstvorstellungen – der Gefahr des Absturzes.

Was denkt, fühlt und erfährt das kleine Kind, wenn es erfolgreich Höhen erklimmt? Vermutlich genießt es den Perspektivwechsel, der entsteht, wenn man die Dinge von weiter oben sehen kann. Vor allem, weil das Kind damit dem Niveau des Erwachsenen nahezukommen scheint, ihm Auge in Auge begegnen kann. Klar, Abenteuerlust gehört bei diesen Erlebnissen natürlich dazu, und wenn es erfährt, dass das Klettern bei seinen großen Begleitern mit Argusaugen beobachtet wird, kommt wahrscheinlich schnell auch eine große Prise Trotz und Selbstbehauptungswille dazu: Auch das kann ich alleine! Vor allem aber wird das Kleinkind beim Klettern eines erfahren: Ein Gefühl, dass es eine Fähigkeit trainiert, die ihm wie das Krabbeln einfach von der Natur mitgegeben wurde. Hervorragend klettern konnten schon unsere affenartigen Vorgänger, deutlich bevor sie die Kunst des Laufens erworben haben.

Die Fähigkeit, sich festzuklammern, ist schon als Reflex nach der Geburt angelegt. Ja, der Mensch ist als Kletterer gedacht, und uns sollte nachdenklich machen, dass bei so vielen Menschen diese grandiose Fähigkeit rettungslos abhanden gekommen ist: Viele Erwachsene können eine Leiter erklimmen, klar, aber gelangen auf keinen Baum, über keinen Zaun. Soviel steht fest: in Krippen sollte es ausreichend Möglichkeiten zum Klettern geben und Erzieher, welche die Kinder bei ihren mutigen Vorhaben unterstützen. Und dann brauchen sie nur noch das, worauf auch Bergsteiger zählen: Hilfestellung in schwierigen Fällen.

Das können Kinder beim Klettern erfahren

Auge-Hand-Koordination trainieren: Beim Klettern lernen Kinder, genau an die richtige Stelle zu greifen. Bei kaum einer Fortbewegungsart führt man automatisch so präzise Bewegungen aus.

Risikobewusstsein entwickeln: Klettern ist gefährlich, klar, aber den Umgang mit gefährlichen und doch reizvollen Situationen kann man nur in Momenten wie diesen trainieren. Wenn Kinder ohne übertriebene Hilfestellung und ohne allzu große Ermahnungen klettern dürfen, lernen sie auch schnell ihre Grenzen kennen und einzuschätzen, wann es zu gefährlich für sie wird.

Neue Perspektiven entdecken: Mit jedem Schritt nach oben verändert sich der Blick. Beim Klettern können Kinder die Perspektive erproben, die sie so gerne einnehmen: Den Blick aus unserer Höhe.

Das können wir anbieten:

Möbel zum Klettern: Nicht alle sind dazu geeignet. Aber manche Möbel, wenn sie stabil genug zum Klettern sind, können wir explizit zum Klettern freigeben. Aber bitte nicht deren Oberfläche zustellen, sodass ein Hinaufklettern keinen Sinn mehr machen würde.

Treppen und Leitern: Zum Beispiel um auf den Wickeltisch zu gelangen.

Matratzenberge: Es ist immer wieder gut, Matratzen zu gletscherartigen Hügeln aufzuschichten, auf die man wegen ihrer glatten Oberfläche nur langsam hinaufklettern kann.

Hochziehen: Seile und andere Dinge zum Hochziehen

Ein niedriger Baum zum Klettern: Ein zäher Busch oder ein flacher Baum sollte zum Klettern freigegeben sein. Achten Sie auf Aufprallschutz, dass sich keine Steine oder Platten um diesen Baum befinden, sondern eine dicke Schicht Rindenmulch oder Sand!

Fenster, Türen und Nischen im Raum
Ich hab voll den Durchblick!

Jeder sitzt dort mal gerne: An diesem kleinen Fenster in einer erhöhten Nische, von der aus man nach vorne auf die Straße sehen kann – und nach hinten die Bauecke überblickt. Es lässt sich gut winken von dort oben.

Mal ganz gemein gesagt: Es gibt Krippenräume, die haben eine gewisse Gemeinsamkeit mit Gefängnisräumen. Bei beiden steht die Übersichtlichkeit im Vordergrund. Die Möbel – das sind meist eher wenige – stehen am Rand und in der Mitte ist viel Platz. Klar, Kinder brauchen viel Platz, aber gerade in größeren Gruppen auch Nischen und Zimmer im Zimmer. Statt Überblick sollte es in einer solchen gegliederten Raumlandschaft viele Möglichkeiten zum Durchblicken geben. Wenn es in der von Schränken umgebenen Bauecke irgendwo eine kleine Öffnung zum Rest des Raumes gibt, ist fast garantiert, dass diese zum Durchschauen rege genutzt wird. Und wo Kleinkinder durchschauen können, wollen sie auch durchkriechen: Gute Krippenräume brauchen Öffnungen, Geheimgänge und Fenster zum Entdecken.

Ein ganz besonderes Fenster dürfen wir dabei nicht vergessen: das, wo wir uns selbst dahinter sehen. In Kriech- und Stehhöhe braucht der Raum Spiegel, nicht nur einen, sondern viele. Krippenkinder sind quasi Anfänger in Bezug auf ihr eigenes Gesicht und ihren Körper. Daher lieben sie es, sich selbst dabei betrachten zu können, wie sie beim Spielen aussehen, auch im Vergleich mit anderen Kindern. Auch Gesichtsausdrücke, die den Erwachsenen abgeschaut werden, wollen genau einstudiert werden. Mit all dem hat der häufige Blick in den Spiegel zu tun und ganz und gar nichts mit Eitelkeit.

Das können Kinder an Fenstern und Spiegeln erfahren

Perspektiven begreifen: Von hier sieht der Raum wieder ganz anders aus als in der normalen Wahrnehmung.

Autonomie erproben: In einer Nische mit Fenster kann man dem Geschehen in der Gruppe zusehen, ohne selbst Teil zu sein. Wer kleine Öffnungen zum Durchkriechen erprobt und entdeckt, findet eigene Wege jenseits der vorgesehenen Hauptwege durch den Raum oder den Garten.

Selbstwahrnehmung erproben: Im Spiegel kann man erfahren, wie man selbst aussieht, wenn man mit anderen zusammen ist – als wäre man ein anderer.

Symmetrie erfahren: Kleinkinder interessieren sich früh für symmetrische Dinge. Wer einen Turm aus Bausteinen angelehnt am Spiegel baut, erhält eine symmetrische Figur.

Das können wir anbieten:

Zu zweit vorm Spiegel: gemeinsam mit einem oder mehreren Kindern Gesichter schneiden, Gesichtsausdrücke erproben, mit Armen winken.

Spiele mit Licht: Die Kinder werden eingeladen, in einer selbstgebauten dunklen Höhle, einer dunklen Ecke oder einem Kriechtunnel mit einer Taschenlampe zu leuchten.

Ferngläser und Lupen bereitlegen: Auch sie ermöglichen faszinierende Durchblicke in eine veränderte, dennoch vertraute Welt.

Räume im Raum einrichten: z.B. mit einem großen Pappkarton.

Zum
Schluss:
Ein Wort
zur Sicherheit

Wer lernt, muss Risiken eingehen. Dies ist vielen Menschen durchaus klar, doch auf das Lernen der ganz kleinen Kinder möchte man diesen Satz dann doch lieber nicht anwenden. Erwachsene wollen und sollen die Kinder vor Gefahren schützen. Dies gelingt aber nicht, indem man die Kinder rundum beschützt und ihnen jede Herausforderung abnimmt. So bekommen sie keine Chance, Risiken kennen und einschätzen zu lernen und die eigenen Schutzmechanismen zu entwickeln.

Vorausschauendes Handeln (Anbringen von Treppengittern, den Garten auf Giftpflanzen untersuchen oder die kleine Trainingsstunde für selbständiges Klettern), gelassenes Beobachten und gut dosierte, an die Entwicklungsschritte des Kindes angepasste Heraus-forderungen sind Zeichen eines besseren Schutzverhaltens, als ständig wie eine aufgeregte Raubvogelmutter – jeder Zeit zum Herabstürzen bereit – hinter dem Kind her zu sein. Die gesetzlich geregelte Aufsichtspflicht – das Gesetz gilt für Eltern genauso wie für Lehrer und Erzieher – geht von folgenden drei Dimensionen der Gefahrenverhütung aus und bezieht sich dabei immer auf das Leistungsvermögen und den Entwicklungsstand des Kindes.

1. Leistungsfähigkeit: Was kann das Kind? Welche besonderen Eigenschaften hat es? Welche Neigungen, Entwicklungsschritte und Bedürfnisse prägen sein Verhalten? Über welche Erfahrungen verfügt es?

2. Umgebung: In welcher Umgebung wächst das Kind auf? Welche Anforderungen stellt die aktuelle Umgebung an das Kind und kann es diese aufgrund seines Entwicklungsstandes und seiner Leistungsfähigkeit erfüllen?

3. Der Erwachsene: Welche Möglichkeiten hat der Erwachsene in der aktuellen Umgebung um aufgrund der Fähigkeiten des Kindes in einer möglichen Gefahrensituation schützend und rettend einzugreifen?

Ein Beispiel: Der zweijährige Marvin wächst auf dem Land auf. Er beherrscht den Umgang mit seinem Laufrad schon seit einigen Monaten. Zu Hause auf dem Hof flitzt er mit dem Laufrad ganz allein herum. Nun ist Marvin zu Besuch bei seiner Oma in der Stadt. Sein geliebtes Laufrad hat er mitgenommen. Oma ist es gewohnt, mit dem Fahrrad zum Einkaufen zu fahren. Marvin will mitkommen. Mit

dem Laufrad zwischen den Beinen wartet er an der Wohnungstür. Was würden Sie Marvins Mutter raten? Darf er hinter Omas Fahrrad zum Einkaufen fahren? Wir untersuchen die Situation anhand der drei Punkte:

1. Die Leistungsfähigkeit: Marvin ist sehr geschickt mit seinem Laufrad. Er hat die Fähigkeit damit zu fahren, zu bremsen und er fällt auch nicht hin. Von seinen Fähigkeiten her könnte er die Oma begleiten. Seine Erfahrungen beziehen sich jedoch auf den großen Bauernhof auf dem Land. Mit dem Geschehen auf den Bürgersteigen und Straßen der Großstadt ist er gar nicht vertraut. Er hat auch noch nicht gelernt, sich im Straßenverkehr der Großstadt sicher zu verhalten. Marvin ist zweieinhalb Jahre alt. Seine körperliche und geistige Entwicklung lässt eine Teilnahme am Straßenverkehr nicht zu. Für ein sicheres Fahren auf dem Bürgersteig fehlt ihm die Erfahrung.

2. Die Umgebung: Mit der Großstadt und den vielen Menschen, dem Verkehr auf Straßen und Bürgersteigen ist Marvin nicht vertraut. Der Straßenverkehr einer Großstadt ist für kleine Kinder wirklich gefährlich. Es ist nicht davon auszugehen, dass Marvin rechtzeitig am Straßenrand anhält und nicht auf die Straße vor ein Auto flitzt.

3. Der Erwachsene: Die Oma muss ihr eigenes Fahrrad und die Einkaufstasche festhalten. Sollte Marvin unachtsam sein und vom Bürgersteig auf die Straße rollen, kann sie nicht schnell genug eingreifen.

Fazit: Marvin und Oma können gemeinsam einkaufen gehen, aber ohne Fahrrad und Laufrad.

Und wie sieht es mit den Aktivitäten der ganz Kleinen am Schatzkorb aus? Das Baby Marlene sitzt und greift sich Dinge aus dem Korb, deren Bestimmung nicht das Spielen ist. Haushaltsgeräte und Co haben keine TÜV-und GS-Siegel. Sie sind nicht darauf überprüft worden, ob sie für kleine Kinder geeignet sind. Marlenes Mutter sitzt in der Nähe im Sessel und sieht ihrer Tochter zu. Ist dieses Spiel nun gefährlich für das Kind? Auch hier lassen sich die drei Überprüfungsbereiche untersuchen.

1.Die Leistungsfähigkeit: Ein sechs Monate altes Baby ist dabei die Welt zu entdecken. Es tut dies mit allen Sinnen, es will also fühlen, hören, sehen, riechen und schmecken. Deshalb wird es die Dinge in den Mund nehmen. Das Baby kann von seiner Entwicklung her die Dinge weder werfen noch damit schlagen. Es ist auch noch nicht so weit, die Dinge auseinanderbauen zu können. Marlene eignet sich gerade die Fähigkeit an, die Dinge aus dem Korb zu nehmen und in der Hand zu halten. Sie lernt jetzt auch, die Gegenstände von einer in die andere Hand gleiten zu lassen. Sie kann Gegenstände, die sie in der Hand hält, zum Mund führen und in den Mund stopfen.

2. Die Umgebung: Eine ruhige Umgebung und von der Mutter ausgewählte Haushaltsgegenstände in einem Korb bestimmen die Situation. Es sind keine weiteren Kinder im Raum, Marlene kann also niemanden aus Versehen mit dem Löffelstiel stechen oder mit dem Schneebesen erwischen.

3. Der Erwachsene: Marlenes Mutter beobachtet das Baby aufmerksam. Sie kann jederzeit eingreifen, wenn sich eine gefährliche Situation entwickelt.

Fazit: Das Spielen mit Alltagsgegenständen ist unter der Beobachtung in der Nähe eines Erwachsenen eine wichtige und ungefährliche Beschäftigung für kleine Kinder. Man kann sechs Monate alten Kindern durchaus erlauben, einen Metallgegenstand zu untersuchen. Es besteht keine Gefahr für das Kind, denn die Mutter ist in der Nähe und aufmerksam. Sie gibt dem Kind Zeit, Sicherheit und Platz, ein Objekt zu erforschen. Das Baby tut dies hauptsächlich, indem es seinen Mund und die Zunge als „Sensoren" benutzt. Es entdeckt den einzigartigen Geschmack, das kalte Gefühl und das höhere Gewicht von Metall.

Was die Sicherheit und den Schutz vor Gefahren angeht, ist unsere Gesellschaft äußerst widersprüchlich. Zum einen kurven Kleinkinder auf Laufrädern oder Minifahrrädern im Straßenverkehr der Großstädte herum. Wer hier Sorgen äußert oder freiwillig zum Helm greift wird belächelt. Auf der anderen Seite wird Kindern vieles versagt, was ihren Entdeckerdrang befriedigen würde. Wir leben in einer Welt, in der das Risiko einerseits durch Leichtsinn potenziert und andererseits aus Fürsorge drastisch reduziert wird, weil Eltern ihre Kinder im Haus behalten und die kindliche Abenteuerlust nicht erkennen und akzeptieren können. Beide Extreme sind schlecht für die Entwicklung der Kinder. Heute kommt es genau wie zu früheren Zeiten darauf an, die eigenen Erfahrungen und Entdeckungen der Kinder zuzulassen. Kleine Beulen, Schrammen und auch mal ein blutendes Knie gehören zur Kindheit dazu. Es ist das richtige Maß an Herausforderung, welches Kinder stark und klug macht. Stete Unter- oder Überforderung sind die Ursachen dafür, dass Kinder sich in der Welt nur schwer zurechtfinden und am Ende womöglich schlimme Unfälle erleiden.

Literatur- und Filmhinweise

Bostelmann, Antje (Hrsg.):
Spielen mit Kindern unter 3.
Verlag an der Ruhr 2009

Bostelmann, Antje (Hrsg.):
Praxisbuch Krippenarbeit.
Verlag an der Ruhr 2008

**Bostelmann, Antje (Hrsg.) /
Fink, Michael:**
Das Krippenatelier.
Bananenblau Verlag 2011

Bostelmann, Antje (Hrsg.):
Krippenarbeit Live DVD.
Verlag an der Ruhr 2010

Bruce, Tina:
Learning Through Play.
Arnold Publishers 2011

Clark, Alison / Moss, Peter:
Listening to young Children.
The Mosaic Approach.
National Childrens Bureau 2001

Goldschmied, Elinor:
People Under Three.
Young People in Day Care.
Routledge Chapman & Hall 2003

Lindon, Jennie:
Helping Babies and Toddlers learn.
A Guide to Good Practice with
Under-threes.
National Childrens Bureau 2008

Lindon, Jennie:
Understanding Child Development.
Linking Theory and Practice.
Hodder Arnold 2010

Riddall-Leech, Sheila:
Heuristic Play.
Practical Pre School Books 2009

Weber, Christine (Hrsg.):
Spielen und Lernen mit 0- bis 3-Jährigen.
Der entwicklungszentrierte Ansatz
in der Krippe.
Cornelsen Scriptor 2009

Wheeler, Helen / Connor, Joyce:
Parents, Early Years and Learning.
National Childrens Bureau 2009

Filme

Balmes, Thomas (Dir.):
Babys.
Studiocanal 2009

Goldschmied, Elinor:
Infants at Work.
National Children's Bureau 1987

Goldschmied, Elinor:
Heuristic play with objects.
National Children's Bureau 1992

Autoren

Antje Bostelmann

Antje Bostelmann ist ausgebildete Erzieherin und bildende Künstlerin. 1990 gründete sie Klax, anfangs als private Malschule und Nachmittagsbetreuung mit künstlerischem Schwerpunkt, heute ein überregionaler Bildungsträger mit Krippen, Kindergärten und Schulen in Deutschland und Schweden. Sie entwickelte die Klax-Pädagogik, ein modernes pädagogisches Konzept, welches das Kind in den Mittelpunkt der pädagogischen Arbeit stellt und das allen Klax-Einrichtungen zu Grunde liegt. Als Erfinderin der Klax-Pädagogik ist sie maßgeblich an der Etablierung der Portfolioarbeit und des selbstorganisierten Lernens in Deutschland beteiligt. Dabei engagiert sie sich für einen europaweiten pädagogischen Austausch und für die Umsetzung der von der UN in der Welt-Dekade „Bildung für nachhaltige Entwicklung" ausgerufenen Inhalte. Sie entwickelt Lern- und Spielmaterialien für die Arbeit in Kindergarten und Krippe und gibt als Referentin bei internationalen Kongressen, Workshops und Fortbildungen ihr Wissen weiter. Seit 1995 hat sie zahlreiche pädagogische Fachbücher veröffentlicht, darunter viele Bestseller. Antje Bostelmann ist Mutter von drei Kindern und lebt in Berlin.

Michael Fink

Michael Fink hat an der Universität der Künste Berlin Bildende Kunst auf Lehramt studiert. Nach mehrjähriger Tätigkeit an einer Grundschule begann er seine mittlerweile langjährige Zusammenarbeit mit Klax. Er entwickelte dort mit und für Kolleginnen aus der Praxis Konzepte für die Arbeit in Kinderateliers, Portfolio-und Krippenarbeit. Michael Fink hat an vielen Klax-Veröffentlichungen als Autor mitgewirkt, eigene kunstpädagogische Bücher und zahlreiche Fachartikel verfasst. Michael Fink ist Vater von drei Töchtern und lebt in Berlin.

Für Entdecker: Der Schatzkorb

Kleinkinder beschäftigen sich bevorzugt mit Gegenständen und Dingen, die ihnen im Alltag begegnen. Der „Schatzkorb Alltag" bietet Kleinkindern, die bereits aufrecht sitzen können, viele Möglichkeiten des Spielens und Lernens.

Das Hantieren und Manipulieren mit Alltagsgegenständen stimuliert die sinnliche Entdeckung der Welt und fördert eine konzentrierte Betätigung über längere Zeit. Feinmotorische Fähigkeiten werden erweitert, Materialerfahrungen gemacht, sowie die Auge-Hand-Koordination gefördert. Der Sprachschatz wird durch das Benennen der verschiedenen Materialien erweitert, ein Begriffsverständnis aufgebaut.

Schatzkorb Alltag. Art.Nr. 103442. Ab 1 Jahr. Das Produkt darf nur unter Aufsicht eines Erwachsenen verwendet werden. Inhalt/Material: 48 verschiedene Alltagsgegenstände wie Becher, Kochlöffel, Dose, Trichter, Sieb, Waschlappen, Milchkännchen, Schuhbürste, Tischglocke und vielem mehr. Incl. Aufräumkorb und Spielanleitung. Lieferung kann in Auswahl, Form und Farbe variieren. Lieferung erfolgt sortiert. Größe: Korb Ø 38 cm, 13 cm hoch.

Gute Pädagogik
findet man nicht überall
Inhouse-Seminare für Krippen, Kitas und Schulen

Sie suchen für sich und Ihr Team Fortbildungen zu aktuellen pädagogischen Themen? Wir kommen zu Ihnen in die Einrichtung und richten unsere Seminare ganz nach Ihren Bedürfnissen aus. Dabei setzen wir gezielt an Ihrem individuellen Weiterbildungsbedarf an.

Wir bieten unter anderem Fortbildungen zu folgenden Themen an:

- **Die Portfolio-Methode in Krippe, Kindergarten oder Schule**
- **Die Krippe – Eingewöhnung, Entwicklungsbegleitung, Raumgestaltung und Materialauswahl**

Institut für Klax-Pädagogik   Arkonastr. 45–49, 13189 Berlin   institut@klax-online.de
                                      Tel.: 030-477 96-145   www.klax-institut.de

Institut für KLAX Pädagogik
Eine Pädagogik für die Zukunft